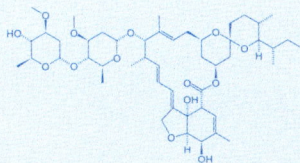

大村智传

通往诺贝尔奖之路

〔日〕马场炼成 著

曲扬 译

人 民 出 版 社

目录

前
言
—

写给青年诸君

一汤匙土里存活着 1 亿到 10 亿个微生物。这些微生物们制造了多种多样的化学物质，孕育着生命。我用了 50 多年时间来研究这些微生物们生成的化学物质。用学术用语来说，就是天然有机化合物研究。

到目前为止，我们发现的新化合物大概有 500 种，其中 26 种被应用在医药、动物用药、科研试剂等领域。其中之一就是被命名为伊维菌素的化合物，它成为了预防、治疗盘尾丝虫病（河盲症）以及淋巴丝虫病（象皮病）等重大感染性疾病的特效药。迄今为止，每年有 3 亿人通过服用这种药物得以避免失明或者感染重症。正是通过使用这种药物，南美已经消灭了盘尾丝虫病，在非洲这种病也几近消失。

伊维菌素的功效不仅仅只有这些，它同时也是预防和治疗免疫力低下人群多发的伴有肺炎及败血症等并发症的粪类圆线虫病、引起剧烈瘙痒的疥疮和头虱病、因线虫寄生于犬类心脏引起的犬心丝虫病，以及由螨虫引起的家畜动物的衰弱等病症的特效药。微生物们生成的化学物质可以治疗人类和动物遇上的传染病，并保护我们免受其害。这项业绩使我在 2015 年与共同进行开发研究的默克公司的坎贝尔博士一起获得了诺贝尔生理学及医学奖。能够获此殊荣既是借助了微生物们的力量，同时也与诸位共同开发的研究员以及亡妻的支持密不可分。

长年的研究生活里，结果往往与预期相反，我也经历了很多失败。但是我一直相信成功终会到来，要不畏挫折努力不倦。做研究的时候，我始终告诫自己，不可以模仿别人，一定要翻越阻挡在面前的高墙，穷尽各种挑战。

我常常会向我研究室的学生们讲解中国伟大的儒学家孟子的思想"至诚通天"。就是说，不管对待任何事情，只要诚心诚意全力以赴，一定会获得成果。偷懒耍滑是行不通的，只要拼尽全力，一定会有好结果，也会获得大家的支持。努力必有回报。这句话就是我人生的写照。

如果这本书能够给大家带来哪怕一点点的帮助的话，对我来说就是莫大的幸福了。

大村智

第一章

从高中夜校教师到研究者

在甲府盆地度过的少年时代

大村智的家乡，位于日本山梨县的韮崎市。站在现已无人居住的大村智故居向四周眺望，北面是八岳山，东面是茅岳山，更远处金峰山、国师岳、甲武信岳、大菩萨岭等秩父群峰绵延不绝，西侧环绕着南阿尔卑斯山，而南侧则可遥谒耸立于御坂山地之上的富士山。

大村智故居的后山里还有被指定为日本国家历史遗产的战国时代烽火台遗迹，从那里可以眺望整个甲府盆地的全景。大村智就是在这群山环抱的自然环境中长大的。

1935年7月12日，大村智降生在一个农户家中，是大村惠男和大村文子的长子。1935年，即昭和十年，是日本国内军国主义势力渐强、开始向着对外侵略这条错误道路全力推进的时代。在这战时体制的时代下，言论自由消失无踪，不积极响应国家方针的人被称为"非国民"，备受社会

站在老宅前的大村智

责难。

　　大村智的父亲在当地很有声望，在从事农业生产的同时还发挥着领导者的作用；母亲在当地担任国民学校（小学）的音乐教师。因此，全家的家务活都由祖母承担，"凡事要为别人着想""不能撒谎"……少年大村智正是在祖母的严格教育下成长起来的。

　　大村智在上小学之前，曾被担任教师的母亲带去她工作的学校。在那里，大村智见到了母亲弹奏钢琴的身影，映在少年大村智眼里的仿佛不是妈妈，而是某位从未见过的出

坐在母亲膝盖上打哈欠的大村智（1937年）

大村智（前排左二）与双
亲、祖母、叔父、姐姐在自家
门口的合影（1939年）

色女性，开心的大村智在教室里欢跳连连。

与"学童疏散计划"的孩子们一起生活

1941 年 4 月，少年大村智进入神山村立神山国民学校上小学。这一年的 12 月 8 日，日本袭击夏威夷珍珠港，发动了太平洋战争。最初人们都沉浸在胜利的喜悦中，然而没过多久战局发生倾覆，各大城市连日遭到美国空军轰炸，战争的阴霾笼罩着整个日本社会。大城市的中小学生们被迫疏散到农村避难（即"学童疏散计划"），这些来避难的陌生孩子们在乡下学校的教室里非常显眼。随着战况的恶化，神山国民学校里被疏散而来的孩子们也越来越多。1945 年战争结束时大村智刚好小学五年级，教室里的学生人数已经增加了两倍，有 60 人之多。

对于务农的大村家来说，并不曾为食粮不足而感到困扰。大村智每天从家带午饭去学校，但是为了和被疏散来的孩子们的午饭保持一致，他的饭盒里会掺杂着一半以上的红薯或者小麦米。

几乎每天都会有从东京来避难的人到大村家寻求食物。就是在这个时期，大村智父亲的先见之明让他受益终身：父亲对大村智说，你一定要把英语学好！话虽如此，在那个战争年代里，学习英语是被日本政府禁止的，并且无论是教科书还是学习材料都难以入手。但是，父亲只要发现来村子避难的人里有懂英语的，就会拿着大米去拜托他们：请您教教我家儿子和女儿英语吧。等到大村智长大成人，每当要用上英语的时候，他就会想起父亲的先见之明，不由得生出一股敬畏之感。

忙于农活的小学时代

父亲大村惠男对于将会成为一家之主的长子大村智的教育非常严格。寒冬的清晨，如果大村智把手塞在口袋里或者弯腰驼背的话，就会被父亲大声训斥。争论时输给高年级的学生，哭着回家的话也会被父亲关在门外。父亲总是严格地教育大村智"绝对不能欺负弱者""必须遵守约定"……不过父亲并没有要求大村智一定要认真学习，而是经常会让他做农活。清晨很早就去田地里帮忙农活直到上课时间才赶去学校是大村智的日常，然而只要对父亲说"我想学习"，父亲就会让他去学习。大村智发现这一点以后，有时会以学习为借口逃避干农活。

大村智上中学的时候，有一次收拾房间，发现了一个从未见过的纸箱子。打开以后，里面是30多册的《高等讲义录》，这些都是父亲上远程教育课程时用的教科书和笔记。得知父亲一边要奔波忙碌于繁重的农业生产，一边还要珍惜一分一秒的余暇努力学习，少年大村智在感动的同时，想到偷懒贪玩的自己，感到非常惭愧。

从农活中学到自然科学基础

父亲大村惠男平素虽然沉默寡言，但是在田里干农活或是进山干活时，都会向大村智详细地教授农业相关的技术和知识。大村智上中学的时候就掌握了往马鞍上捆绑固定装米的草包这种高难度的技术活儿，让邻居们非常佩服。

大村智和父亲一起进山植树造林的时候，父亲曾意味深长地告诉他：“这些树木虽然在我这一代不会被采伐，但是将来到了你们这一代就会派上用场。就像我们现在所采伐的这些木材，正是一代代先祖们的功劳。”

夏天吃过晚饭之后，大村智会跟在提着矿灯和鱼叉的父亲身后去捉鳗鱼。父亲向他讲解：“鳗鱼在太平洋产卵孵化以后会沿着富士川溯流而上，一直游到这里。”这些话大大激发了少年大村智的好奇心。

这些做农活的少年时光，等到大村智长大以后回忆起来才发现，那其实是在丰富的环境中观察、体验大自然的一段时光。正是这些学校教科书以外的体验，逐渐培养起了少年大村智对动植物和自然现象的兴趣。

农业正是科学

日后大村智能够成为不断发现微生物生成的有效抗生素的科学家，正是少年时代的帮农经历发挥了很大的作用。他对自然科学的兴趣、拥有的相关知识，都是不知不觉间在这个时期萌发、掌握的。这些都给大村智作为研究者的思维和行动带来了很大的影响。被问到童年时代的事情，大村智这样说道："农业生产的计划、实施和化学的实验、作业计划是非常相似的，都需要预估将来制定计划，并随机应变调整计划。我认为农业就是在学习自然，农民其实是自然科学者。"

成为研究者以后，得知东京农业大学的第一位校长横井时敬主张"水稻的事情就要问水稻，农业的事情就要问农民"，大村智通过自身的经历很好地理解了这句话的深意。

注重陶冶情操的双亲

大村智的父亲和母亲虽然并没有强制孩子们学习，但是当孩子们发现自己想做的事情之后，他们会毫不吝惜地尽全力给孩子们创造可以实现目标的环境。在那个物资极度匮乏的年代，孩子们也从没有缺少过练习书法、绘画的道具和教材。母亲经常对他们说"来画画吧",给他们买来新的画具。

母亲大村文子每天总是天还没亮就起床了,洗完衣服以后准备早饭。母亲的娘家是山梨县中巨摩郡田之冈村(现在的南阿尔卑斯市)的地主,外祖父是神职人员,同时身兼当地郡长,晚年作为政府指派村长辗转各地任职。外祖父考虑到母亲的未来,在母亲从村里的小学毕业以后就让她每天走路去离家六公里远的甲府高等女校学习,后来又送她升入山梨师范学校,成为了一名小学教师。虽然母亲在学校主要负责教音乐,但是却从来没有教过少年大村智唱歌。

农业和养蚕培养出的五个大学生

1945 年 8 月,随着战争结束,母亲大村文子辞去了教师的工作专心务农。虽然不再担任教员,但村民们依然喊她"老师"。母亲将全身心投入到养蚕业中,渐渐地与养蚕相关的知识越来越丰富,开始向村民传授相关技术,那时的母亲成了育蚕老师。

大村智母亲的养蚕技术之所以能够如此优秀,要归功于她每天细心记录的养蚕日志。结束了一天的家务劳作,母亲总会在睡觉之前详细地写下当天的日志。

就养蚕业来看,大村家总是能取得村里数一数二的成绩，产出的蚕茧品质极佳。大村家得以有稳定的现金收入，最大的功臣就是母亲。养蚕的经营主要以母亲为中心，正是靠着养蚕得来的宝贵现金收入，大村家的五个孩子都顺利升入了大学。

大村智刚成年①的时候，在他的要求下，母亲给他看过一次自己的日志。日志里事无巨细地记录了蚕的成长状况，比如：某月某日做了什么，养蚕房间的温度是多少，蚕是什么样的状态，试了怎样的方法……养蚕的方法和结果像工作记录一样被记在了日志里。大村智深受触动，非常敬佩母亲。在他成为研究者之后常常感到，是母亲热心钻研、认真对待工作的态度，潜移默化地影响了自己。

有一次大村智瞒着母亲又悄悄地偷看了养蚕日志的内容。大村智轻轻打开日志本，发现封皮内侧写着这样一句话："为师者，须得坚持自身时刻进步。"少年大村智受到了强烈的震撼，从此，这句话成为了他的座右铭。

农忙期请假回家帮农

1948 年 4 月，大村智从国民小学升入了神山村立神山中学。此时，是战争结束后的第三个年头，日本列岛上的大

---

① 译者注：日本法定成年年龄为 20 岁。

多数城市都在美军的轰炸中化为废墟，战败后一无所有的日本百废待兴。

对于大村智来说，中学时代最难忘的回忆莫过于与恩师的相遇了。1950 年，大村智上中学一、二年级时的班主任是铃木胜枝老师。在他的记忆中，身为韭崎高中校长夫人的铃木老师，无论言行举止还是衣着，一切都非常优雅。

那时候，大多数农家子弟在农忙期间请假回家帮忙已经成了惯例。一到插秧和收割等农忙时节，不管是哪里的农户都会人手不足，不得不让上学的孩子请假回家干活。在大村智请假回家帮工的时候，铃木老师经常会去大村家家访，鼓励他好好干农活，同时也别忘记努力学习。这使得大村智深受鼓舞、倍感振奋。大村智毕业后依然保持着与铃木老师的联系，直到老师去世。成为研究者以后，但凡是留学或者是参加学术会议去往国外，大村智都不会忘记给老师写信。

热衷运动的中学时代

初中时的大村智是一名喜好足球、棒球的运动少年。和同龄人一样，他在这个年纪遇到了自己的初恋。大村智曾经给自己暗恋的女孩子送了一幅有六只手的"阿修罗"照片，直到现在，他依然认为那是一个"连我自己都觉得非常棒的礼物"。然而这或许是因为大村智热爱美术，所以才能

中学时期的大村智（1950年）

够理解那张照片的美学价值，而收到照片的女孩子却很有可能只是吃了一惊。大村智的初恋就这样无疾而终了。

  大村智曾经认为自己将来一定会继承家业务农，扎根这片土地生活下去。父母也把他作为继承家业的嗣子，一直培养他做一些重要的工作。初中时的大村智并没有在学习上花费太多精力，完全是一位醉心运动的少年，高中升学的时候也是顺其自然地进入了当地的韭崎高等学校。

投身乒乓球与滑雪

1951 年 4 月，大村智升入了山梨县立韭崎高等学校，入学以后立刻就成为了校足球队的一员。韭崎高中的足球队早在当时就已经是知名强队，日本前国脚中田英寿正是出自该校足球队。大村智穿着父母送的入学礼物——足球鞋，在场上忘我地奔跑。

然而大村智的祖母知道这件事以后却极力反对他踢足球。据说祖母的外甥就是因踢足球而得了肺结核，早早离开了人世，所以祖母觉得足球很不吉利。

因此，大村智开始练习乒乓球。当时日本的乒乓球界名手辈出，比如荻村伊智朗、田中利明等，日本乒乓球国家队在 1954 年世界乒乓球锦标赛上勇夺男子团体、男子单人冠军，光辉闪耀的金牌让整个日本为之欢腾。

无论做什么都会全身心投入的大村智，加上与生俱来不服输的性格，使他的乒乓球技进步迅速，实力与日俱增，不多久就已经开始指导别的队员了。高中三年级时，大村智成为了校乒乓球队的队长统领全队，还负责教授女队队员们乒乓球技巧。高中同学聚会的时候，伙伴们总是戏谑他："那时候你周围怎么全是女孩子啊，真是受欢迎呢。"虽然大村智并没有觉得自己当时很受女孩子欢迎，但在旁人看来他

韭崎高中时期，大村智（左一）参加滑雪比赛（1954年）

一直都很有女生缘。

高中二年级的时候，大村智同时开始练习滑雪。当时有很多乒乓球队队员也都同时参加了滑雪队的训练。乒乓球训练中的横向移动注重协调与灵敏机动，恰好与滑雪所必须的协调感非常相似。大村智在滑雪队选择了长距离越野训练，他一边阅读滑雪相关的教科书，一边积极热心地向前辈求教，全身心投入到了滑雪的训练中。即便如此，大村智依然不满足，申请加入了韭崎滑雪俱乐部。

在俱乐部，大村智遇到了山梨县滑雪联盟的董事，一位知名登山家，并跟随他进行越野训练。高中二年级的冬天，1953 年 2 月 1 日，县里召开了第七届山梨县滑雪锦标赛，大村智夺得了长距离比赛高中生组的第三名。在那之后，大村智在滑雪上投入了更多的时间与精力，几乎荒废了学业。

专心运动的同时，大村智依然帮着家里做农活。虽然农活要坚持做，但对于自己的兴趣爱好，家里也会毫不反对地全力支持——这就是大村智家的教育方针。

因父亲的一句话而决心报考大学

1953 年 4 月，升入高中三年级的大村智遇到了人生的一个转折点。这一年 5 月，大村智得了阑尾炎，手术出院之后在家静养了一段时间。这段时间，大村智从早上就开始看书，周围手边有什么书就看什么。某天，父亲突然对大村智说："你这样什么都不干可不行，不然你就学习准备考大学吧，只要你想继续学习，我就供你念大学。"

最初，大村智很难理解父亲的这番话。一直以来，他都认为自己将来终归是要继承家业务农的，因而沉迷运动，并没有认真对待学业。听了父亲的话，大村智决定开始准备考大学。高中毕业进路调查① 时，大村智与要好的同学商量

---

① 译者注：日本高中为了把握学生毕业后的发展意向，会在高二到高三时实施"进路调查"。

之后，考虑到可以每天从家走读，最终在调查表上写下了
"山梨大学"。

　　从那之后，大村智就开始拼命学习。每天大概只睡几
个小时，习题册从不离手。大村智只要专心于某件事情，就
会发挥超乎常人的集中力，而这种能力，大概就是这个时候
培养起来的。

　　1954 年 2 月，高中时代最后的滑雪赛季，大村智在县
大赛上获得了优胜。在县大赛和全县高中联赛（全国高等学
校综合体育大赛冬季大赛·县大赛）上，大村智勇夺十公里
越野以及普通项目的冠军。随后，大村智就开始准备山梨
大学学艺学部自然科学科（现在的教育人类科学部）的入学
考试。

　　班主任老师曾给过大村智这样的建议："你对体育很擅
长，将来做体育老师不是挺好的嘛。要不要考一下东京教育
大学（现在的筑波大学）试试？"然而对大村智来说，当一
名体育老师并没有太大的吸引力。既然要考大学的话，他还
是更想读理科——大村智选择了山梨大学学艺学部和东京教
育大学理学部作为志愿学校。

　　最终，虽然落榜东京教育大学，但大村智还是如愿考
上了山梨大学。大村智回忆说："当时觉得考上山梨大学的
希望也很小，所以特别高兴。"

再度醉心于滑雪的大学时代

当时的山梨大学有所谓的"名师指导制度",即学生在入学时可指定指导教授以获得该教授个人指导的制度。因为当时山梨大学的学生非常少,老师人数几乎要多过学生,可谓是得天独厚的学习环境。大村智选择师从有机化学油脂领域的知名教授丸田铨二郎。

山梨大学时期的大村智,穿着当时刚刚流行起来的尼龙衬衫

　　参加"名师指导制度"，学生就相当于"见习学徒"，可自由出入教授的办公室，并且由学长和教授的助手负责照顾指导。大村智得到了前辈们事无巨细的指导，尝试了多种多样的研究。大村智在研究脂肪的过程中掌握了脂肪酸的定量测试方法，这在他日后的研究中起到了非常重要的作用。大村智的手指非常灵巧，几乎所有的实验都能完成得很出色。在学生中，能够清晰地完成薄层色谱法的可能只有大村智一人。

　　大学时代，大村智依然延续了高中时代对滑雪的热爱。从大村智住的韮崎市到山梨大学的距离大概有 15 公里，快要到滑雪赛季的时候，为了训练，大村智甚至会从自己家跑步去学校上课。由于山梨大学没有滑雪队，因此大村智还是在高中时加入的韮崎滑雪俱乐部参加训练。

　　大学一年级的冬天，被称作"传奇滑雪选手""滑雪天皇"的横山隆策也加入了俱乐部。横山在妙高山①上建造了一座山中小屋，把大学生们召集到这里进行训练指导。横山的两个女儿和一个儿子都在日本全国大赛上得过冠军，仅仅这三个孩子就获得了 20 多块全国冠军的奖牌，横山就是这样一位留下了惊人成绩的教练。

　　在这位教练的指导下，大村智进行了严格的训练，他的滑雪实力已经足以在地方大赛和全县大赛上取得冠军。大

———————————

① 译者注：日本新潟县西南部的妙高山麓。

大学时期的大村智参加滑雪比赛

大村智在 1957 年获得的奖杯和奖牌

村智从高中三年级开始，连续五年在山梨县的滑雪锦标赛上获得冠军，大学二年级时获得了国民体育大会①青森大赛的参赛资格，三年级的时候获得了兵库大赛的参赛资格，一共参加了两次全国大赛。由于山梨县的整体滑雪水平并不出色，所以即便大村智参加了全国大赛，取得的名次也几近倒数，参加奥运会对他来说只能是个遥远的梦。

横山说过的一句话让大村智非常难忘。那是横山在严格的训练中说的一句话："如果你还有力气抬起手来擦鼻涕，那为什么不能往前迈步迈的再快一点呢？"在雪山中进行的长距离越野滑雪训练中，流鼻涕是非常自然的情况。大村智试图擦鼻涕的时候，横山教练严厉的训话就飞到了他的耳边。这句话成为激励他向着目标不断前行的动力之一。

大村智通过与很多日本顶尖的滑雪选手一起训练，明白了置身高水平环境的重要性。越是痛苦疲劳的时候就越要勉力前行，越要严格训练。大村智切身感受到了这种训练的重要性。

大村智还认识到"模仿别人只会导致自身水平停滞"。横山教导大家，要想赢得比赛，就不能止步于练习别人教授的内容，自己钻研技术才是最重要的。大村智回忆到，正是

---

① 译者注：日本文部科学省和日本体育协会每年都会举办的全国性综合体育比赛，共有冬季、夏季、秋季三场比赛，从全国各地选拔选手参赛，通过三场大赛的综合得分竞争天皇杯。自1946年举办第一场国民体育大会以来，由日本各省市轮流举办。

滑雪练习结束后在化学实验室里吃午饭（1958 年）

通过接受横山的指导，他才明白了"不管向多么有名的伟人学习，仅靠模仿是行不通的，独创性才是最重要的"这一道理。

知遇名师与名师的熏陶

大村智的毕业论文是在丸田铨二郎教授的指导下完成的。丸田常常拜托大村智去他家帮忙做扫除。大村智发挥常年做农活锻炼出来的经验，做起家务来有条不紊，因此很受丸田倚重。

　　同时，地球科学的教授，曾担任山梨地学会会长的田中元之进教授也非常器重大村智。大村智的研究方向是化学，与地学并无关系，然而田中教授在进行地层与地质调查的时候却指名要求大村智代替助手，带着他一起进行现场调查。大村智数次陪同田中教授进行调查，攀爬岩石，帮忙采取土壤和岩石样本。

　　在进行现场调查的时候，田中教授说过这样的话："大村同学，大学时期学到的东西是靠不住的。踏上社会最初的五年才是决定胜负的关键。不管学生时代曾学到了多么重要的知识，只要这五年好好努力，就能够超越那些而学到更重要的东西。"大村智虽然记住了这句话，但当时并不是很能理解。

　　充实的大学生活一晃而过，升上四年级的大村智开始考虑就业问题了。他所在的学艺学部自然学科，是培养理科教师的专业。从入学时起，就已经决定了学生的就业方向是中学的理科教师。从大村智的专业来看，应该要以成为物理或者化学教师为目标，为此必须首先通过地方政府举办的教师录用考试。

　　大村智的父母希望大村智考进能从老家韭崎通勤的学校执教，这样就可以一边教学一边务农。

　　教师录用考试的结果出来之后，大村智的第一志愿原本是山梨县理科教师，由于在这一年山梨县并没有举行录用考试，大村智的期望落了空。然而大村智却通过了竞争激烈的东京都的教师录用考试。

东京都方面最初提供给大村智的就职地是三宅岛，随后又给了都立墨田工业高等学校理科教师的职位，让大村智选择。墨田工业高等学校有全日制班和夜校，可以自由选择其中一方执教。

大村智考虑到夜校的上班时间比较短，可以有自己的时间，因此选择了当夜校教师。正是这一选择改变了大村智的人生。担任夜校教师使得大村智有了更多的自由时间，能

大村智（左一）参加山梨大学毕业典礼（1958 年）

够自己掌控并改变生活方式。

临近大学毕业的某一天，田中教授带着大村智去见了校长安达祯。安达校长马上就要退休了，并决定搬去东京都。田中教授非常喜欢大村智，因此把他引见给校长，希望到了东京也能给大村智带来一些机遇。安达校长对大村智说："大村同学，去东京以后一定要来我家玩啊。"

踏上社会：都立高中的夜校教师

22岁的大村智搬到了东京，寄宿在埼玉县浦和市的亲戚家，开始了上下班的生活。夜校教师的上班时间是从傍晚开始的，正是因为想要有自己的时间，大村智才选择了夜校，所以白天的时间就得计划着做点什么。虽然大村智并没有定好具体的目标，但是他很抵触漫无目的地度过白天的时间。

最初大村智觉得白天可以成为自己的自由时间，但实际上时间却并没有想象的那么充裕。因为要教化学和物理课，所以白天就得备课。当时，墨田工业高中的体育教师的人数严重不足。大村智决定赴任的时候，伏见三郎校长就对他说，"你还有体育教师的资格证啊，能不能请你也教一下体育课呢。我们这里教师不足，请你一定要帮忙"。大村智毫不犹豫地接受了校长的请求。大村智原本就非常热爱运动，对于滑雪和乒乓球更是充满自信。

随后，大村智发现了对他来说很有意义的活动，那就是担任校乒乓球部的顾问。在韮崎高中乒乓球队磨炼过的大村智球技过人，如果对手也很厉害的话，两个人可以打出让看客震惊的对拉接球。在墨田工业高中的学生里，没有人能赢过大村智。大村智非常热心地指导学生，而对学生们来说，与自己年龄相差无几的大村智，与其说是教师，看起来更像是学长。

"你们之中要是有三个人能赢过我，咱们就绝对能取得东京都大赛的冠军！"

大村智（前排左三）带领墨田工业高中乒乓球队在东京都高中乒乓球大赛中取得优胜时的纪念照（1962 年）

大村智一边这样激励着学生们，一边每天和大家拼命练习。就这样，年轻学生们的球技进步惊人。看到大家的进步，大村智也非常高兴。

参加东京都高中乒乓球大赛的时候，大村智指导的墨田工业高中在观众的惊叹声中连连获胜，一举攻入了决赛并拿到了第二名的优异成绩。通过自己的指导能给年轻的学生带来这么大的变化，这让大村智深受震撼、倍感自豪。

随着在东京的生活工作渐有余闲，大村智开始常常去当年山梨大学的校长安达祯家拜访。大村智每次去安达校长家，安达夫妻都非常热情的招待他。大村智有一次向安达校长诉说工作上的烦恼，得到了校长的人生训诫："不管什么事情都必须堂堂正正的面对，不要做那些偷偷摸摸的行为！"大村智将安达校长的教诲铭记在心，不管做什么事都全力以赴，这对他之后的社会活动产生了重大影响。

安达校长晚年身患重病，在东京广尾医院住院急需输血的时候，大村智甚至恳请朋友和熟人一起去献血。虽然安达校长很快不治辞世，大村智回忆道："献血是我微薄的报恩。"

目睹学生的努力，决意重新向学

在大村智渐渐适应了教师生活的时候，迎来了第一次期末考试。虽然出的试题大多是物理和化学的基础问题，但对学生来说还是有一定难度的。发完试卷后，大村智就在学生们认真答题的教室里巡回监考。

正在巡视的时候，大村智忽然注意到一位学生握着铅笔的手指上粘着油污。他再次环视教室才注意到，学生们穿着的衣服与自己明显不同。学生们的服装能让人感受到生活的重压和劳动者的味道，甚至还有学生穿着油迹斑斑的衣服。大村智重新认识了这些白天上班，晚上学习的学生们的真实生活。

作为出身富裕农家的长子，大村智从来没有在物质或者精神上经历过困顿，他能把学业抛诸脑后，尽情沉浸在滑雪和乒乓球的世界里，高中生活的一大半都在讴歌青春。进了大学后也并没有多么努力学习，回过头来看看，大村智愈发觉得自己不管是高中还是大学，似乎都没怎么学习，尽是玩耍了。

相比之下，来墨田工业高中夜校上课的学生们，白天工作，晚上则是拼命用功学习。大村智在那时，从心底涌起一股自己也应该努力干点什么才行的念头。同办公室的同事中，有在大学做研修生学习的人。大村智感受到了从心底喷涌而出的力量，"我也要重新向学！"藏在大村智心里的对学习的憧憬，终于从点点火星变为坚定的决心，熊熊燃烧了起来。

为了能够读懂外国的文献，大村智决定先开始学习德语。那时在东京御茶水的汤岛大圣堂设有德语教学班，于是大村智的重新向学就从德语的学习开始了。

当时大村智的工资并不多。领到工资后，他先去买国电（今天的 JR[①]）的乘车月票，然后再买一箱当时最受欢迎的"Acecook 方便面"存起来，一个月的口粮差不多可以靠这些方便面熬过去。大村智有时还会去私立学校打工，做兼职教师。

就这样，大村智一边忙碌地工作，一边全心全意的投入到学习德语中。有一天，大村智甚至被德语教学班的负责老师问了这样的问题："大村学习德语真是太用功了。我经常关注你，怎么样，你愿不愿意和我一起经营这个德语班？"大村智并不敢当，于是诚惶诚恐的郑重拒绝了。

踏上社会第二个年头的 1959 年春天，大村智去拜访了山梨大学时的导师丸田铨二朗，向他报告了近况并传达了自己想要重新学习的决心。丸田教授考虑到大村智就职的学校，于是向他介绍了东京教育大学的教授小原哲二。大村智立刻去拜访小原教授并拿到了介绍信，随即去拜会东京教育大学理学部化学科科长杉山登，得到了去课堂旁听的许可。大村智只要下定决心就会立刻付诸行动。

大村智还认识了初露头角的天然有机化合物领域的专

---

① 译者注：JR 即 Japan Railway，日本国有铁道公司分割民营化后成立的各地区铁路公司的总称。

家中西香尔。当时，中西已经开始采用最新的分析技术进行研究了。中西在进行导入线以及红外线等作为分析化学物质构造的手段的研究，大村智跟着中西学习了光谱分析法（即测定物质吸收或者放出电磁波的波长及强度的方法）。中西香尔日后取得了确定银杏叶所含成分以及导致墨西哥湾多发赤潮的毒素构造等具有极高学术价值的成果，成了闻名世界的化学家，2007年被授予了日本文化勋章。中西香尔还将大村智介绍给了在东京理科大学研究有机化学的教授都筑洋次郎。都筑教授是有机化学方面享誉国际的研究者，尤其在糖研究的领域里是数一数二的。

进入东京理科大学大学院深造

1960年4月，大村智进入东京理科大学大学院①学习理学研究科的硕士课程。大村智就是从这个时候开始全心全意认真学习的。白天在大学院学习，晚上去夜校教书，身兼二职的大村智体会到了学习的意义，开始潜心钻研学问。平日的白天，大村智在东京理科大学上课、研读文献、制定实验计划，每天都非常忙碌。对于化学来说，实验就是一切，所

---

① 译者注：大学院，指在日本的教育体制中继大学本科教育之后的更高层次的高等教育机构，相当于中国的研究生院，实施硕士和博士课程的教学。

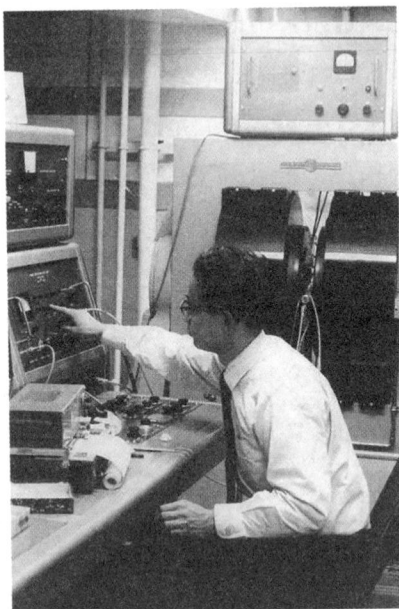

在东京理科大学大学院读研期
间的大村智，凌晨依然在东京工
业试验所进行核磁共振波谱分析
（1962年）

以大村智很需要实验的时间。但是断断续续的做实验效率太低，实验还是更适合长时间持续进行。

于是，大村智把不用教课的教师研究日加上周末的三天时间用来在东京理科大学做实验。实验开始后就是不分昼夜的生活，大村智把登山时用过的睡袋搬进了研究室，直接睡在研究室里做实验。

大村智在实验中经常会不小心让大量的水流到地板上，实验室在二楼，楼下就是校长真岛正市的办公室。真岛正市是当时日本应用物理学界的泰山北斗。每当水就这么从天花板上滴滴答答的漏进校长的办公室，大村智都做好了接受校长雷霆之怒的心理准备去道歉，然而真岛校长每次都笑容满面的原谅了他。对于校长的宽大胸怀，大村智非常感激。

大村智的导师都筑洋次郎经常举办论文介绍会和报告会。校外的大学以及企业相关人员也会参加，交换信息、发表研究成果等，对于研究者来说，这些会议每次都给大家带来很大启发。并且还会使用当时尚处在学科研究初期的核磁共振技术（NMR）进行有机化合物的物理性质的分析以及结构测定等研究。

核磁共振最初是用来研究原子核内部结构的手段，后来在进行化学物质的分析时也有所应用。都筑研究室采用了当时的最新技术，大村智也幸运地参与了这些研究。

有一天，大村智被邻近研究室的教授竹田政民叫住了。

"大村智同学，这次要举行东京理科大学 80 周年纪念庆典，庆典上得要有学生代表致辞。理学部的老师们正在讨论选谁当代表，我觉得你最合适，所以推荐了你。要是来通知你的话，请你一定要接受啊。"

大村智非常惊讶。大村智觉得自己既不是从东京理科大学本科直升上来的地道的理科大学研究生，作为研究者的实力也并不足以胜任代表，因此坚决推辞。竹田却说，"你周六周日都来学校做实验，实在是一位让人钦佩的研究生"。虽然大村智是因为平日要去高中上班，只有周末才有时间做实验，但是映在旁人眼里的大村智却是一位牺牲周末热心实验的值得钦佩的学生。

大村智去找都筑，表明"打算辞退"，但是都筑说："大村智同学，这件事以后会成为非常美好的回忆。对你来讲也是一次很好的经历。你一定要接受。"都筑的话给了大村智很大勇气，于是在 1961 年 11 月举行的东京理科大学 80 周年纪念庆典上，大村智作为学生代表庄严地宣读了致辞。当时写在卷轴上的致辞是由后来成为大村智妻子的秋山文子用毛笔誊写的，也是文子怀着对大村智这值得骄傲的时刻的祝贺而书写的。

与开朗的新潟姑娘相亲结婚

大村智在对周围的人讲述自己的梦想时，表明希望大学院毕业后做一名科学研究者。墨田工业高中的教务主任听说后，给大村智介绍了一门亲事，"新潟的丝鱼川有一位姑娘，喜欢做研究的人，还说想跟这样的人结婚。要不要见一下看看？"

这位叫作秋山文子的姑娘却说，希望大村智先跟她母亲见一面。其实就是妈妈想在女儿见面之前，先考察一下相亲对象。大村智并不介意这些事情，于是双方就见面了。

文子的母亲是一位既温柔又聪慧的女性。见过大村智，她便立刻安排两人见面。大村智被文子开朗而又天真烂漫的性格所吸引，于是定下了婚事。文子家里经营出租公寓，父亲非常严格。

大村智虽然还在做高中教师，但是已经定好了等东京理科大学毕业后就去山梨大学做助手。大村智的婚礼在1963 年 3 月 23 日举行，并在东京锦丝町大厦的中餐厅举办了婚宴。

大村智进入山梨大学做助手就可以返回老家，他的父母非常高兴。但是大村智的父亲却开始暗暗担心儿子的未来。一心玩乐的长子立下大志重新向学，大学院毕业以后回到老家的大学成为一名研究者，这虽然是件好事，但是儿子的学历也并不是特别优秀，父亲也完全不了解儿子的研究内容到底有什么价值。于是大村智的父亲去向学识丰富的资深教授们请教，并咨询儿子作为研究者的前途。了解了大村智的经历以后，有识之士们的看法并不乐观，甚至有人直接说，"这个资历的话估计没有什么前途。最多也就是做到大学讲师吧。还不如就这么继续做高中教师，将来争取当个校长之类的"。大村智的父亲坦诚的告诉了儿子大家对他的看法。

当时，大村智是这么想的："在日本也许只能做到讲师，既然如此，那我以世界为目标不就行了吗，而且这样更有努力的价值。"

大村智父亲素来不服输是大家公认的。知道了大家对

儿子的评价不过尔尔之后，反过来打算激励儿子。而继承了
父亲不服输性格的大村智听了父亲的话之后，自然也是下定
决心奋发图强。

大学院临近毕业之际，虽然是第一次写学术论文，大
村智却是用英语写成的。写的是通过核磁共振分析糖的立体
结构。由于当时东京理科大学并没有核磁共振设备，于是
大村智只能去拥有日本唯一一台设备的东京涩谷区初台的
东京工业试验所（后来的日本通产省化学技术研究所）进行
实验。

大村智能够使用核磁共振设备的时间段，只有没有人
使用设备的半夜。大村智已经很习惯通宵做实验，并且常年
运动锻炼体力充沛，因此半夜做实验可谓轻而易举。

不过，东京工业试验所的位置靠近甲州街道，每每有
大型卡车经过街道，房屋的震动就会导致设备的剧烈晃动，
大村智每次都需要重新调整设备，着实费了一番辛苦。

彻夜积累的实验数据

在这些彻夜积累的实验数据的基础上，大村智完成了
硕士论文。由于当时涉及核磁共振的论文数量还很少，大村
智把论文翻译成英文投给了学会的英文杂志。虽然当时的大
村智并不太擅长用英语写作，但是他的导师都筑教授精通英

语，对大村智进行了严格的英文写作训练。都筑强调，"你用日语写论文，外国人也看不懂，所以不会认可你的业绩，研究成果也得不到正当评价。论文必须用英语写。"

大村智一直认为常规的做法是没办法赢过名校的研究者的，因此之后谨遵都筑的教诲，研究论文几乎都是用英文写成的。到目前为止，大村智一共写下了大约 1100 篇论文，其中 95% 以上都是英语论文。

1963 年 3 月，大村智结束了在墨田工业高中五年的工作，转到了山梨大学。他重新记起山梨大学的地学教授田中元之进曾说过的话，"踏上社会以后须得努力五年"。学生时期成绩优秀的人往往只注重如何在考试中取得高分，踏上社会后依然只寻找可以取得优异成绩的工作完成。但是要想获得成功，就必须先从挤出时间钻研那些并不确定能否成功的挑战开始做起。大村智相信，不付诸行动的话永远只会在原地踏步。

在山梨大学当助手，踏上研究者之路

1963 年 4 月，大村智作为山梨大学工学部发酵生产学科的助手前往赴任，这是学生时代的指导教授丸田铨二郎为大村智准备的职务。阔别故乡五年后，大村智在新婚妻子文子的陪伴下返回了故乡。在这里，大村智首先进行的是葡萄酒的研究。这就是大村智与微生物研究的最初邂逅。

葡萄酒的葡萄糖含量会随时间的推移而减少，这是因为微生物起到了分解作用。感受到微生物将葡萄糖一夜之间转换成酒精的力量，大村智深受震撼。去大学上班的每一天，大村智都投入到分析葡萄酒糖分解的研究中，然而这却并不是可以作为论文发表的研究内容。大村智渐渐开始觉得这样的日子总是缺点什么。

山梨大学的研究者之间既不会交换信息，对研究也没什么太大的热情。日常的研究生活总是缺少激励，不管做什么都提不起劲来。于是大村智心里慢慢开始涌起了再返回东京做研究的念头。

大村智基本上把所有的工资都拿来购买图书、添置实验器具。妻子文子靠着老家给的生活费，日子过得紧紧巴巴。即使是如此拮据的生活，文子也毫无怨言，给熬夜做实验的大村智送晚饭，还帮大村智计算实验数据。来到山梨大学的第二年，大村智开始认真考虑重返东京充满挑战的研究生活。

恰好这时，朋友告诉大村智东京理科大学药学部空出了一个教师的职位。这可是大村智求之不得的机会，递交申请后他便一直在等正式录用的通知，然而由于种种原因最终大村智的期待落了空。

而此时大村智已经辞掉了山梨大学的工作，因此陷入了困境。一筹不展的时候，通过熟人介绍，大村智决定应征北里研究所的研究员。只要入所考试合格就能够进入北里研究所，但是考试的内容却与大学应届毕业生是一样的。29岁的大村智大学毕业已经七年，依然不得不跟应届生一起接受同样的录取考试。但是大村智毫不犹豫的告诉熟人"我去应考"，接受挑战。

成为北里研究所的研究员

考试科目主要是英译日和化学，大村智英语很好，但是化学却考得并不理想。

考试结束后，大村智满怀绝望地回到了甲府。然而可能是因为英语成绩非常好，最终他收到了合格通知。大村智和文子都高兴得手舞足蹈。

大村智终于被北里研究所录用了。大村智和妻子告别了在山梨大学短短两年的生活，搬到了东京世田谷区的一间六张榻榻米大的小公寓。

第二章

从北里研究所到赴美进修

为北里柴三郎的业绩所折服

1964 年，东京成功举行了奥运会。这一时期，是日本国民收入水平开始逐渐提高，日本人也重拾自信的时期。大学应届毕业生就业后第一年的工资大约是 2 万日元，而当时的物价水平大概是：一盒牛奶 20 日元，一张东京都营公交车票 20 日元，订阅一个月报纸 580 日元。

从 1965 年 4 月 1 日开始，大村智成为了社团法人北里研究所的研究员。北里研究所是日本杰出医学家——北里柴三郎创设的研究所。1852 年 12 月 20 日，北里柴三郎出生于肥后国阿苏郡小国乡北里村（现熊本县阿苏郡小国町）。少年时期他的才华就已经得到公认，1871 年，19 岁的北里柴三郎作为熊本医学校（现熊本大学医学部）的第一批学生入学，后被推荐去东京医学校（现东京大学医学部）上学。1883 年，在东京医学校学习了八年医学的北里柴三郎毕业

北里柴三郎

去了日本内务省卫生局工作。通过研习医学，北里柴三郎确立了"医生的使命就是预防疾病"这一信条。1885年，北里柴三郎前往德国柏林大学的罗伯特·科赫研究室留学。

在师从科赫学习了六年半后，北里柴三郎于1892年回到日本。在科赫研究室学习期间，北里柴三郎发表了24篇研究论文，他的名字响彻欧洲医学界。

北里柴三郎的北里研究所

北里柴三郎在德国留学期间，与东京大学医学部产生

了一些矛盾。起因是北里柴三郎对东京大学教授绪方正规关
于脚气病的学说进行了学术批判。北里柴三郎在德国留学
时，绪方教授曾给了他诸多照顾，而针对当时发病原因尚不
明确的脚气病，他却否定了绪方的"脚气菌是发病原因"的
主张。此举让东京大学医学部无法接受，虽然北里柴三郎留
学德国并习得了当时世界上最先进的细菌学，但学成归国的
他并没有被东京大学接纳。

　　对此于心不忍的福泽谕吉主动提供了自己的所有地，设
立了私立传染病研究所，让北里柴三郎担任第一任所长。北
里柴三郎在这里进行传染病预防与细菌学的研究，例如他在
当时鼠疫蔓延的香港发现了鼠疫杆菌等，取得了无数成果。

　　之后，围绕传染病研究所是否移交日本文部省管理的
问题，北里柴三郎又与日本政府产生了对立。北里柴三郎与
传染病研究所的诸多骨干研究员一齐递交了辞呈，并拿出个
人资金，设立了私立北里研究所。

　　此后，北里研究所着手进行了狂犬病、流行感冒、痢
疾、伤寒等疾病的血清研究，成绩斐然，硕果累累，在日本
医学界的地位日益稳固。北里柴三郎为报答福泽谕吉的恩
情，在福泽创办的庆应义塾大学设立了医学部，并担任第一
任医学部部长。

　　进入北里研究所的大村智了解了这些历史后，对北里
柴三郎的伟大业绩心生感动，对北里柴三郎的崇敬之情也越
来越强烈。

早上六点就开始上班的新人研究员

　　成为北里研究所的新入职研究员的大村智前去拜访所长秦藤树。

　　秦藤树将入职通知书交给大村智，说："研究所的工作要面对各种各样的琐碎事情。为了让你适应工作，就得什么事都让你做一下。你先暂时在我的研究室帮忙吧。"

　　要求大村智帮忙的工作，其实就是在秦藤树上课的时

刚刚进入北里研究所的大村智（1965 年）

候擦黑板和誊写论文。大村智的入职通知书上写着"北里研究所研究部抗生物质研究室技师助手"。大村智看着通知书上最后的"助手"二字，心想：原来在研究所看来，我还远远算不上可以独当一面的研究员。大村智在都立高中做了五年夜校教师的同时念完了东京理科大学的硕士课程，之后还在山梨大学做了两年助手，即使有这样的履历，然而看入职通知书就知道，他也是和大学应届生同等待遇。

那时的大村智胸中翻涌起了不服输的精神。他暗下决心：好吧，那就让你们看看我跟应届生的区别吧。

大村智首先开始做的就是早上第一个去上班。清晨六点大村智已经到了研究室，等到过了九点，其他研究员刚刚开始上班的时候，大村智已经做完了一些工作。从小帮忙农活，大村智早就养成了早起的习惯。上班后，大村智先要打扫办公室，之后就开始誊写研究所所长和研究室的负责人布置的论文。

当时还是既没有电脑也没有打字机的年代，一切都依赖手写。通过誊写论文可以接触到专业知识，因此就算只是抄论文，也能够学到很多东西。发现疑问的时候，大村智还会自行查阅文献进行核对。即便是教授，也会有粗心大意的时候，有时也会搞错一些内容。大村智总是用心地一边核对，一边认真誊写。

誊写论文结束后就是实验的准备工作。工作应该用什么样的顺序以及具体怎样进行，在教授发话之前，大村智就已经按照自己的想法安排好了工作计划。从孩提时代起，大村智就通过干农活明白了计划安排的重要性。

大村智早上开始上班的时候，一定会遇到病理部部长冈本良三。冈本一上班就立刻换上白大褂，分秒必争的开始查看显微镜。大村智每次经过冈本研究室的时候，清晨的逆光中都会浮现出冈本盯着显微镜的身姿。看到心无旁骛埋头工作的老研究者的身影，大村智心里充满了敬畏与虔诚，这也成为了大村智面对自己的工作时的激励。

除了做实验读文献，大村智还做了很多与研究无关的工作。

其中，让大村智学到很多的就是替秦藤树教授擦黑板这项工作了。当时，秦藤树因为肩周炎抬不起来胳膊，没办法擦黑板。大村智在秦藤树上课的时候作为助手进到教室里，与学生们一起听课，在秦藤树喊他的时候，又必须刻不容缓地迅速擦干净黑板。因此，在秦藤树往黑板上写板书的时候，大村智必须同步将板书抄录下来。

在课堂上擦完黑板后，秦藤树还会给大村智布置很多课题，比如"把这个原稿誊写下来""把这一部分总结一下"……大村智明白这是自己的工作作风逐渐得到了认可，因此从来不嫌麻烦，反而觉得被秦藤树吩咐是一件很光荣的事情。而秦藤树也对这个做事认真有效的青年给予了好评。

一次，正当大村智忙于实验的时候，一位陌生的外国人来到了实验室寻访他。陪同一起前来的还有京都大学教授吉田善一，这是当时担任日本化学会会长的著名学者。

　　这位来访的外国人是当时有机化学领域的著名学者——美国普林斯顿大学教授保罗·施莱尔。施莱尔读了大村智在东京理科大学大学院读硕士的时候写的英文论文，两人针对使用核磁共振技术进行化学物质结构分析等研究交换了意见。

　　对于大村智来说，这是第一次与著名外国学者面对面交流，因此非常激动。正因为大村智的论文是用英文写的，所以才会被外国人阅读并获得好评。"就是因为当时的这件事情，我才真正下定决心要做一名学者"，大村智这样回忆道。

不断积累业绩

　　在北里研究所里，秦藤树可以说是代表研究所门面的权威专家。而大村智成为了直接听命于这位权威所长的直属擦黑板担当和论文誊写员。这不仅是一件非常光荣的事情，而且带给了大村智诸多帮助。他不仅可以通过听秦藤树的授课内容获取知识，同时在誊写时遇到不懂的地方还可以查阅文献或者直接向秦藤树求教，秦藤树几乎成了大村智的个人专属指导教授。

　　秦藤树与大村智虽然变成了师徒关系，但两人之间时不时也会发生学术意见的碰撞摩擦。秦藤树主攻医学，而大村智专攻化学，因此两人分属不同的学术领域。虽然秦藤树已是著名学者，同时也是大村智的恩人，但是在学术上，大村智却是毫不让步的。对于大村智来说，消解因被秦藤树批评而累积的压力的特效药就是去滑雪了。大村智每次急躁地开始同秦藤树争论的时候，秦藤树就会这样对他说："你出去玩玩得了，去滑个雪什么的。"

大村智觉得既然这是老师的指示，就大张旗鼓的去滑雪了。虽然工资并不高，生活也比较艰苦，但妻子文子开了一间公文式学习班，做家庭教师来补贴家用。文子生性乐观开朗，毫无怨言的支持着大村智。

大村智荣获诺贝尔奖，记者问他接到获奖通知时的心情时，他这样回答道："我首先在心里向在最困难的时候一直支持着我的亡妻报告了这个消息。"

大村智在秦藤树的指导下开始进行结构分析的研究。虽然北里研究所里已经配备了核磁共振仪和红外线光谱分析仪，但是能够读懂数据的却只有大村智自己。而这正是大村智在东京理科大学读硕士的时候，在东京工业试验所用日本仅有的一台核磁共振机器通宵做实验积攒下来的经验。大村智觉得之前彻夜不休做实验的辛苦终于有了回报。白霉素的结构分析进展得很顺利，终于弄清楚了白霉素的结构。

紧接着，秦藤树又让大村智做浅蓝菌素的分离和结晶化，并对其结构进行测定分析。秦藤树已经逐渐认可了大村

大村智（前排右一）在北里研究所进行白霉素结构分析时的纪念照（1968年）

智的工作作风和能力，开始不断给他新的课题。浅蓝菌素就是某种微生物产生的抗生素，大村智也顺利完成了这个课题，并发表了相关论文。这些工作无一不为利用核磁共振技术进行天然产物的结构测定与分析这一研究奠定了基础。

在进入北里研究所的第二年快结束的时候，大村智已经获得了一定的知名度。

当时，向大村智抛出橄榄枝的企业以及其他大学也多了起来，甚至有很多邀约都承诺将来让大村智担任教授或者部长。但是北里研究所囊括化学、药学、医学、生化学、细菌学等领域，有着可以开展广泛的跨学科研究的科研环境。这样的科研环境正是大村智所追求的，他并没有一丝一毫的不满。虽然工资比较低，待遇并不是很好，但是大村智一直觉得研究者就应该是这样的，因此，他拒绝了所有的邀约。

北里研究所会定期召开研究会，还有面向研究所内部的奖励学奖。大村智在 1970 年 3 月获得了该奖。这对大村智来说是极大的激励。

此后大村智向他取得硕士学位的东京理科大学提交了博士论文，开始着手准备获取理科博士学位。关于白霉素以及浅蓝菌素的一系列研究成果已经足够支持大村智取得博士学位了，然而就在他整理好论文装订成册，眼看就要提交论文的时候，周围的人却让他再等一等。

因为既然大村智现在的身份是北里研究所的研究员，同时还是北里大学药学部的研究员，他被要求"必须得取得药学博士学位才行"。

于是，大村智向东京大学药学部提交了题为《白霉素的构造与活性研究》的论文，取得了东京大学药学博士学位。大村智已经成长为优秀的青年研究者，取得博士学位也为他赢得了一定的声誉。

升为副教授并前往欧洲考察

一眨眼就到了 1969 年 10 月，34 岁的大村智晋升为药学部的副教授。大村智老家的父母和妻子文子的父母也都非

常高兴。得到副教授这一职位，证明大村智终于获得了作为
学者的初步认可。

其实，大村智还有一个理学博士学位。大村智东京理
科大学的恩师都筑教授得知大村智在东大取得学位的经过
后，说了这样一番话："将来的话还是理学更好一些吧。你
还是再拿一个理学博士学位比较好。你的成果非常出色，把
你到目前为止的论文交三篇过来就足够给你发理学博士学
位了。"

大村智接受了都筑的建议，从葡萄球菌、链球菌、肺
炎球菌等的蛋白质合成相关的研究中选取了三篇论文整理总
结后提交了上去。凭着这篇论文，大村智于 1970 年取得了
东京理科大学的理学博士学位。

这些研究告一段落后，大村智虽然每天去研究室，但
是却什么也做不进去。这样的日子持续了一段时间后，妻子
文子看不下去了，于是带着大村智去了精神科。医生诊断是
因为大村智太过热衷研究，最好是培养一些别的兴趣爱好。

听从精神科医生的建议，大村智开始打高尔夫球，还
去泡温泉散心。但是他的状态却总是不见起色。刚好那时日
本药学会策划了前去参加国际药学会并参观学习医疗医药研
究设施的旅行。虽然要花掉高额的费用，但是岳母认为这对
大村智的恢复大有裨益，因此资助了大村智夫妻参加这次
旅行。

1969 年 8 月，大村智和文子一同作为欧洲考察团的一

员踏上了旅途。这是大村智人生中的第一次海外旅行，而且要去欧洲各国巡游，大村智满怀激动的向着海外出发了。

这次旅行极大地影响了大村智后来的想法、行动和国际视野。同时也成为了大村智站在国外的视角上审视北里研究所的契机，让大村智明白了北里研究所在国际上有怎样的地位。

去参观德国勃林格殷格翰制药公司的时候，公司研究室的一角摆放着北里柴三郎的胸像。大村智看到的时候大为吃惊。这家公司是由获得第一届诺贝尔生理学·医学奖的德国医学家埃米尔·阿道夫·冯·贝林创办的公司。而贝林与北里共同进行了血清疗法的研究，并凭借研究成果获得了诺贝尔奖。而如果没有北里的贡献的话，这项研究中的绝大部分是无法实现的。

欧洲企业和大学里的研究员们听说大村智是从北里研究所来的之后都表现出了极大的兴趣，纷纷前来与大村智交谈。大村智惊讶于北里柴三郎的知名度，并重新认识到北里研究所在国际上的知名度。

大村智一直觉得北里研究所是以医生为主体的研究所，像大村智这种化学出身的研究员在所里做研究势必会遇到瓶颈。而这次在欧洲，知道了北里研究所的名字在欧洲的响亮程度远超自己的想象后，大村智的想法发生了转变。大村智决心今后要继续以北里研究所为据点进行研究活动，必须要守护北里研究所作为代表日本的先进研究所的地位。

迈向新的研究领域

大村智所在的研究室旁边是探索抗生素的研究小组。那边参与研究的人们的状态可谓艰苦卓绝。那个小组甚至可能研究了一整年却什么也没发现，有时好不容易发现了什么，正欣喜若狂的时候，却发现是已知的物质。看着这些研究员，大村智做了一个决定：

自己一直以来进行的研究是分析他人发现的物质的结构，这算不算是一种投机取巧呢。自己不费任何力气，只是站在他人研究成果的基础上去做点什么而已。既然如此，那我也抱着满身泥泞的觉悟，尝试去进行探索新物质的研究吧。

下定决心的大村智决定不再单纯进行物质的结构分析，而是转换想法和做法去尝试发现新物质的工作。

1971 年 3 月左右，大村智向在国立预防卫生研究所工作的日本抗生物质学术协议会常任理事八木泽正行求教，探讨了今后的研究方向。八木泽对大村智说："去美国进修一下怎么样？在美国做研究肯定能开拓新视野的。"听到这一建议的一瞬间，大村智感觉自己的视野突然变得开阔明朗起来。八木泽觉得美国的研究环境是充满挑战而富于效率的。

因此，大村智决定先去加拿大和美国进行为期一个月的旅行。刚好与抗生素相关的国际会议在加拿大的蒙特利尔附近举行，大村智打算参加完会议后，就去寻找能够接纳自己做访问学者的组织。

学术会议结束后，大村智去了蒙特利尔大学、哈佛大学、麻省理工学院、卫斯理安大学等高校，与研究抗生素的教授们进行了交流。

前往卫斯理安大学进修

回到日本以后，大村智立刻开始了行动。好奇心旺盛而且天性开朗的妻子文子也积极支持大村智去美国进修。大村智用打字机打了一篇介绍自己的英文信，邮给了上述五所大学。信件寄出后，卫斯理安大学的教授麦克斯·帝施勒立刻给大村智发来了回复的电报，欢迎大村智前来做客座教授，并承诺支付每周 7000 美元的工资。

之后，其他大学也陆续给大村智发来了邀约。会得到如此多的反响着实出乎大村智的意料，而这正是因为美国各所大学认可了大村智的成绩与实力。

大村智所有的论文都是用英文写的，访问高校时作的报告也很出色，而最重要的是，大村智在物质的分离提纯和结构分析测定方面技术过硬实力过人，得到了一致好评。

大村智把各所高校发来的雇佣条件整理记录下来，和文子一起进行了比较。最大的问题就是工资了。最多的地方给出了 15000 美元，而最低的则是 7000 美元，相差了一倍以上。而当时 1 美元能兑换 360 日元，对大村智来讲，不管哪所学校给出的工资都是他在日本的收入无法企及的巨款。

文子或许是因为收入微薄，为了维持生计总是想方设法拼尽全力，因此开心的对大村智说，"我们就选工资最高的地方就好了嘛"。然而大村智却被立刻给他回复电报的卫斯理安大学教授帝施勒的诚意所打动，并且在美国第一次见面时，帝施勒也给他留下了非常好的印象。

但是，帝施勒给出的工资却是所有学校里面最低的。大村智觉得，"工资低一定是因为有一些工资以外的好处"，决定前去卫斯理安大学进修。对于大村智来讲，这是人生中重要的一个十字路口。

大村智和文子打开地图，想象着异国未曾谋面的大学，开始做前往美国的准备。

八月里的某一天，天气热极了。北里研究所的秦藤树联系大村智，告诉他有事找他。秦藤树对大村智说："大村智，这次去美国进修，希望你能与我做三个约定。如果你不接受的话，我是不会同意你去进修的。"

秦藤树提出来这样三个约定：

第一条，必须要在美国宣传北里研究所发现的新化学物质的相关研究。第二条，要求大村智在回日本的时候必须要联系到美国公共机关提供研究资助经费。而第三条则是，要帮下一位去进修的北里研究所的研究员找好接收学校。也就是说，大村智回来后，北里研究所还想接着派下一位研究员出去进修。

"秦老师的要求，我一定会办到的"，大村智虽然答应了秦藤树，其实心里完全没有自信能够做到。然而最终，大村智全部实现了这三个约定。

羽田机场离别，大村智踏上旅途

1971 年 9 月，大村智夫妻从羽田机场出发前往位于美国康涅狄格州米德尔敦市的卫斯理安大学。经过了羽田机场盛大的送别后，在飞往美国的途中，想到北里研究所抗生素研究室的未来、自己今后的发展、对在卫斯理安大学的研究生活的期待与不安等，坐在飞机里的大村智心中思绪万千。心情复杂百感交集地从飞机舷窗眺望出去的景色，此后很长一段时间都深深烙印在大村智心底。

卫斯理安大学所在的康涅狄格州的米德尔敦市是一个人口四万人的小城。卫斯理安大学是美国东部一所典型的文理学院。所谓文理学科，就是指注重将人文科学、社会科学、自然科学等广泛的基础性课程进行综合教育的大学。这类大学多是为学生毕业后升入神学、法学、医学等专业课程做准备的基础性教育院校，在崇高的理念指导下奉行小班教学，培养学生的综合文化素养，注重拓展学生的开阔性思维和多元化视点，以全员寄宿制的少数精英教育为特色。

大村智赴任的时候，该校已是美国东部的知名高校，是一所入学标准非常严格的大学。毕业生大多是著名电影导演、音乐家、摄影家、记者、艺术家等，以历代教员中有数位普利策奖获得者而闻名。

直爽的化学界巨擘帝施勒

卫斯理安大学广阔的校园里，有很多能让人感受到学校传统的旧式砖瓦建筑，让人眼前一亮的绿色草地和蔚蓝的天空清晰的勾勒出房子的轮廓，像是明信片上画的风景一般。能够在这样的地方做研究，大村智打从心底感到满足。

接纳大村智前来做客座教授的卫斯理安大学教授帝施勒，在大村智赴任的时候已经 65 岁高龄了。

帝施勒曾在塔夫茨大学学习化学，以优异的成绩毕业后，升入哈佛大学并取得了化学硕士学位和有机化学的博士学位后，在哈佛大学做了三年教员。

之后，他进入制药公司默克公司工作，作为研究开发者连创佳绩，最终升任研究所所长。到了 1970 年，64 岁的帝施勒从默克公司退休后，成为了卫斯理安大学的教授。

大村智（右一）与麦
克斯·帝施勒教授夫妇
（1973年）

惊叹于宽敞豪华的教授专用宿舍

　　大村智和妻子文子去拜访帝施勒的时候，帝施勒虽然
眼神锐利，但用沙哑的嗓音吐出的话语却充满了关切。"要
是有什么问题，不管是什么事，你就告诉我，千万不要客
气。"大村智从帝施勒的言辞中感受到了他亲切温暖的性格。

　　分配给大村智夫妻的宿舍是卫斯理安大学教师专用宿

舍二楼的一间宽敞的套房，家具物什一应俱全。

虽然大村智选择了工资最低的卫斯理安大学，但刚看过小镇的环境和宿舍，就让他坚信自己的选择是正确的。

去了大学的研究室以后，大村智发现校方为他准备了一间设备完善的单间。研究时使用的试剂和器材准备齐全，是各个研究室的公用物品，需要的时候只要登记一下就可以自由使用。甚至还有当时在日本难得一见的核磁共振设备。

大村智并没有忘记他与秦藤树的"三个约定"。其中的第一条就是"在美国宣传北里研究所发现的新化学物质的相关研究"，将这一条铭记在心的大村智决定第一步先在卫斯理安大学进行浅蓝菌素、白霉素和嘌呤霉素的研究，这些都是北里研究所发现的抗生素。大村智从日本带来了分离提纯后的浅蓝菌素和白霉素样本，因此他打算着手研究这些物质的化学构造及其功能。

大村智首先开始了对浅蓝菌素的研究。通过实验已经发现浅蓝菌素可以抑制脂肪酸的合成，而大村智打算更进一步，弄清楚这一物质是通过怎样的原理发挥功效的。

帝施勒实力雄厚，被称作化学界巨头，大村智也慢慢发现帝施勒有相当丰富的人脉资源。名字被写进教科书里的那些名家不仅会为他的研究提供帮助，也是共同进行研究的朋友，而且这些学者还会经常出入帝施勒的研究室。

每当有学者来拜访自己的时候，帝施勒都会带他们去大村智的研究室，向他们介绍大村智。其中甚至有能让人大吃一惊的著名学者。

"这位是日本北里研究所的大村智博士",帝施勒每次介绍大村智的时候,都会把大村智放在与对方同等的地位上。彼此互相交流化学物质的分离提纯和结构测定等研究内容,常常谈得非常投机。

在日本,大村智不过是个副教授,在教授的手底下谨言慎行,而来到美国后,负责带他的教授却不停地把他介绍给众多知名学者。虽然刚开始的时候有点不知所措,大村智渐渐地喜欢上了帝施勒尊重、平等对待他人的性格,迅速融入了研究室的氛围。

邂逅诺贝尔奖得主布洛赫

1971 年秋天。一位刚认识不久的学者给大村智打来一通电话,告诉他哈佛大学教授康拉德·布洛赫要来自己研究室,想介绍大村智与对方认识。

大村智感到很惶恐。布洛赫在脂肪酸这一研究领域硕果累累声名显赫,更是于 1964 年获得诺贝尔生理学·医学奖的权威人士。在大村智看来,布洛赫是遥不可及的著名学者。能够认识诺贝尔奖得主这件事让大村智非常激动,他立刻驱车前往约好见面的地点。

大村智认识布洛赫的时候,布洛赫刚好 59 岁,是一位沉稳而安静的绅士。布洛赫曾与德国的费奥尔多·吕南共同获得诺贝尔生理学·医学奖，获奖理由是"胆固醇和脂肪酸的合成机制及调节研究"。

大村智与布洛赫寒暄问候之后，就开始谈论研究领域的相关话题了。大村智很自然地提到了他在北里研究所进行的浅蓝菌素的相关研究。当时，大村智在与北里研究所的同事野村节三的共同研究下，关于浅蓝菌素的各种研究已有进展，并且取得了浅蓝菌素是脂肪酸生物合成的有效阻断剂这一发现。虽然当时已经发现了诸多能够抑制蛋白质、核酸、细胞壁等的生物合成的物质，但浅蓝菌素却是第一例被发现能够抑制脂肪酸生物合成的物质。

大村智这样对布洛赫说道："我们的研究已经得到了浅蓝菌素能够阻断脂肪酸生物合成的实验结果。我现在正在卫斯理安大学进行关于其作用机制的详细研究。"

布洛赫听得津津有味，表现出了极大的兴趣。而大村智所讲的内容，可能是连凭借脂肪酸研究获得诺贝尔奖的布洛赫都不知道的新发现。布洛赫向大村智问了几个专业问题，听着大村智的回答，一边点头一边说道："大村智博士，浅蓝菌素如果确实能够阻断脂肪酸生物合作的话，这将是非常重大的发现。我们研究室也希望能够验证一下这一发现，能不能请你给我们一些样本呢？"

布洛赫的语气平缓却很认真。大村智把从日本带过来的样本中分出 10 毫克左右，交给了布洛赫。

从那之后，过了大概两三个月。大村智像往常一样在研究室做实验的时候，帝施勒的秘书通知大村智，布洛赫给他打来了电话。大村智急忙跑过去接听电话，布洛赫用充满力量的口气对大村智说，"大村智博士，浅蓝菌素确实可以抑制脂肪酸的生物合成，我们研究室也得到了这一结果。我们目前正在通过不同的脂肪酸生物合成方式进行验证，这个物质真是太不可思议了。我们还需要一些样本，能不能请你再给我们一些呢。接下来让我们共同推进这项研究吧。"

大村智直到很久以后都清晰地记得这通电话的内容。他的研究成果不仅得到了诺贝尔奖得主的亲自肯定，对方还主动提出了共同研究的邀约。这通电话给大村智带来了难以忘怀的感动和激励。

浅蓝菌素研究带来的哈佛大学办公桌

从生物中分离出来的不溶于水的物质统称为脂类，脂肪酸就是生成脂类的成分。后来的研究证明，浅蓝菌素是唯一能够阻断脂肪酸生物合成的化学物质。浅蓝菌素可以抑制脂肪酸生物合成中的重要步骤缩合酶的生成，因此是研究脂类代谢时不可或缺的物质。

只要一有机会，大村智就会前去哈佛大学布洛赫研究室拜访。一方面是想推进浅蓝菌素的研究，另一方面，大村智也对哈佛大学充满了好奇，想亲自体验一下云集了世界顶尖学者的哈佛大学的氛围。这份对任何事情都积极调整自己适应的热情也是大村智与生俱来的才能之一。

大村智去布洛赫研究室拜访的时候，有件事情令大村智非常吃惊。布洛赫的研究室非常之小，令人无法相信这居然是得了诺贝尔奖的著名教授的研究室。研究室里的器材只有紫外线光谱仪和测定酸碱性的"尺子"一样的酸碱测量仪之类的设备，跟当时大村智在北里研究所时的研究室里的实验器材并没有太大差别。

从那时起，大村智明白了所谓研究并不是单靠器材和设备，而是要靠头脑取胜这一道理。当时的情形在大村智脑海里留下的强烈印象，成为了此后大村智的研究精神的雏形。

有一天，布洛赫把大村智带到了研究室一角的一张桌子前，对大村智说，"我给你准备了一张桌子。你来哈佛的时候随时都可以自由使用"。于是大村智在卫斯理安大学工作学习的同时，还在哈佛大学的布洛赫研究室一角拥有了一张办公桌。

在进出哈佛大学研究室期间，大村智与众多研究人员也成为了朋友，逐渐拓宽了自己的学术研究人脉。他与布洛赫也慢慢熟悉起来，相处得十分融洽。

有一次，大村智鼓起勇气向布洛赫提了一个请求。大村智就邀请共同研究浅蓝菌素的野村前来美国留学一事征求了布洛赫的意见，布洛赫非常愉快地接受了大村智的请求。野村的哈佛大学留学一事就这么定了下来。

就这样，大村智迅速完成了与秦藤树的三个约定中的前两个：推进浅蓝菌素的共同研究和实现北里研究所研究员的美国留学。

大村智在卫斯理安大学也要教课，不过在研究方面，帝施勒对他说，"你就按照自己的想法做吧"。

大村智不仅进行浅蓝菌素的作用机制分析，同时还与北里研究所的中川彰保持联系，一同进行白霉素的化学转换的研究，与卫斯理安大学的学者们一起进行嘌呤霉素的结构测定分析。大村智对生活环境也非常满意，与妻子文子每天都过得很愉快。

在校园里备受欢迎的妻子文子

与大村智一同来到美国的文子在小城里一所小学开设的夜校学习英语，开朗的性格让文子顺利展开了与大家的交流。文子善解人意、爽利又体贴的性格也很受美国人喜爱，迅速成了校园里备受欢迎的存在。

帝施勒研究室的研究员和职员之间都是以家庭为单位交往的，大村智夫妻也经常招呼同事们来家里开家庭聚会，文子细心的招待总是大受好评。

　　而此前从没做过家务活的大村智，在家庭聚会的时候也会给文子帮忙打下手，因此每次的聚会都更加热闹。

　　文子是嘉悦学园短期大学（现嘉悦大学）的毕业生，从学生时代起就养成的实干精神，在美国生活时也大派用场。该校的教育目标是要让女性也拥有能够自立生活的技能，文子在学校的时候学习了珠算，并且技术非常娴熟。

　　有一天，在卫斯理安大学化学系的教室里，小组活动结束后大家依然围着文子不知道在做些什么。大村智探头看了一下，发现文子召集了学生和教职员们，正在教他们用算盘。文子把从日本寄过来的算盘发给大家，给大家上珠算课的情景让大村智非常惊讶。

　　还发生过这样一件事。大村智夫妇去超市的时候遇上了停电，收银机没办法使用，收银员们都慌了神，不知道该怎么办。这时，文子靠着自己最擅长的心算，迅速帮客人们计算好了付款金额。四周围观的美国人脸上都浮现出钦佩又惊讶的神情。而那时文子脸上小孩子般的得意神情令大村智终生难忘。

　　大村智在美国期间几乎没有吃过日本菜以外的餐食。连在大学上班时的午餐，也是文子每天送去的亲手制作的饭菜。

帝施勒组织的研究小组和研讨会

大村智来到卫斯理安大学留学的第二年，帝施勒当选了全美化学学会会长，该学会是拥有十万会员的世界级大规模学会。

帝施勒曾担任过默克公司研究所的所长，从在默克公司工作时起，他就在化学的基础研究方面积累了丰硕的成果，在学会里也有很高的知名度。而担任学会会长之后，前来拜访帝施勒的学者愈发多了起来。上司事务繁忙，研究室的相关工作便应帝施勒的要求，交由大村智负责。

通过这样的研究生活与大村智结下深厚友谊的学者中，有一位是后来成为默克公司总裁的路易·巴杰罗斯。当时，巴杰罗斯是密苏里州圣路易市的华盛顿大学医学院的教授。之后，大村智与他在工作上结下了密切的合作关系。巴杰罗斯由大学教授转任默克公司研究所的所长，并升任总经理、总裁。巴杰罗斯升任默克公司总裁时，大村智刚好开始领取默克公司支付的高额专利使用费，大村智总觉得他俩之间似乎有些不可思议的缘分。

帝施勒研究室还会定期举行研讨会。研讨会的名字叫"彼特·里尔马克研讨会"，以纪念帝施勒曾指导过的一位遭遇交通意外不幸离世的研究员。诺贝尔奖得主等众多成绩斐然的学者都曾被邀请到会演讲。

　　大村智也经常参加这个研讨会。有一次，哈佛大学的诺贝尔化学奖得主罗伯特·伍德沃德前来做了一场关于有机合成法的演讲，大村智听了以后大受触动。

　　伍德沃德在完成对青霉素等抗生素类、河豚毒的主要成分河鲀毒素（tetrodotoxin）等天然化合物的结构测定分析的同时，还成功合成了可的松（cortisone）等，因其在发现合成复杂有机分子方法方面的贡献而获得了 1965 年的诺贝尔奖。

　　大村智受到这种学术研讨会的启发，在自己升任北里大学药学部教授的时候，亲自开设了 KMC 研究小组（北里微生物化学研究小组）以作纪念。

　　大村智在卫斯理安大学进修期间度过了一段丰富多彩的日子。多年以后，大村智常常向研究员后辈们讲述当年同帝施勒相识后经历的与各位学者间的国际交流。足以见得通过浅蓝菌素的研究，大村智不仅体验到了充满戏剧色彩的奇妙经历，同时还极大地扩展了研究交流的范围。

　　后来，大村智常常结合自身经历强调，人与人之间的交流能够带来最重要、最宝贵的收获。

北里研究所寄来了催促大村智回国的信件

　　大村智在卫斯理安大学的研究生活已经过去了两年，

大村智的研究进展也越来越顺利。客座教授的任期是三年，大村智开始时不时跟妻子文子商量三年过后该怎么办。

如果能得到帝施勒的同意，就这么留在卫斯理安大学做研究也不错；又或者大村智愿意的话，说不定也能收到别的大学的邀约调动一下工作。考虑到研究环境，在日本做研究远远不及在美国有优势。大村智内心还是希望能够继续在美国优渥的环境里进行研究活动。

1972年接近年末的时候，大村智去研究室整理邮件，收到了北里研究所所长水之江公英寄来的信件。

信中说，大村智的上司秦藤树要退休了，想让大村智接班，希望大村智提前结束留学生活，两年期满后就尽快回国。大村智虽然在美国做研究，但他的工作关系却是在北里研究所，而这又是所长的要求，大村智不得不听从指示。

到底该不该回国，大村智陷入了沉思。大村智从刚刚进入北里研究所工作时的情景开始回想起来，从最初一边给秦藤树擦黑板、誊写论文一边研究学习，到成为独当一面的研究者得到大家的认可，肩负着北里研究所的期待来到美国进修……

虽然妻子文子也同大村智一样有在美国再多待些时日的想法，但两个人深思熟虑后还是认为不应该拒绝北里研究所所长的请求，于是夫妻二人下定决心，选择回国。这时，大村智想起了与秦藤树的"三个约定"。

三个约定中，大村智已经完成了两个。剩下的最后一条必须要在离开美国前达成，也就是联系美国的公共机关提供研究资金。秦藤树希望大村智能从美国国立卫生研究院（NIH）之类的公共机关引入研究资助金。

当时，日本的各界人士普遍认为，"日本的科学家缺乏独创性"。大村智在美国度过了一段时间的研究生活后发现，研究经费上的巨大差距正是造成这种现象的原因之一。

日本的研究经费仅仅是美国的二十分之一，而且在当时的日本，同企业开展合作是研究机构的大忌，大学里弥漫着排斥、批判校企合作研究的风气。但是大村智的想法却发生了变化，他认为应该像美国学者一样，在日本尝试开展校企合作。

夫妻协力游说企业提供研究费赞助

美国的研究者们的做法往往是先尽最大努力筹集到经费后开始进行研究工作。而日本学者们则是更偏重于在配给的研究资金的范围内进行研究。大村智觉得，这样下去日本是赶不上美国的。

要想开展能够与外国学者抗衡的研究工作，研究经费是决定胜负的最大因素。大村智认为，如果日本方面也想进行与美国同等水平的研究的话，必须得到企业的资金支持。

大村智下定决心回国后，立刻开始了争取研究资金的活动。卫斯理安大学附近有很多大型制药企业及其附属研究所。

　　通过之前的研究交流，大村智已经拥有了广泛的人脉资源。大村智当时用的是一辆福特的大型汽车，于是每天就乘坐这辆车穿梭在各个企业之间。而文子则像秘书一样负责开车，对于面对前去进行研究资金赞助交涉这一难题的大村智来说，"这在精神上给了我极大的帮助"。从车前面一眼望过去，只能看到司机文子娇小的脸庞，看上去仿佛是小孩子在开车一般。对于大村智来讲，文子也是并肩推进研究活动的同志。

　　大村智向制药企业提议，希望能以共同研究的形式获得资金赞助。大村智将自己从微生物中发现的能够用于药物开发的天然化学物质提供给企业，由制药企业申请与该物质相关的专利，并进行相关的药物开发及销售，药品上市后将销售额的一部分作为专利使用费支付给大村智。但是当企业不再继续使用该专利的时候，则应当将该专利返还给大村智。大村智就是拿着上述方案前去与企业交涉的。

　　而大村智的方案作为一种非常合理高效的合作方式，在美国也得到了认可，被称为"大村智式合作"。大村智夫妻拜访过的企业及研究组织有美国国立卫生研究院、辉瑞、百时美施贵宝、雅培、先灵、普强六家。大村智的方案获得了所有制药公司的一致赞同，并纷纷表示愿意签订赞助研究资金的合同。

听过大村智的想法后，帝施勒也联系了自己曾工作过的默克公司，推荐了大村智的方案。

默克公司给出的方案是每年向北里研究所支付研究费八万美元（在当时相当于2400万日元），为期三年。虽然最终结果是通过在东京的交涉决定的，但是与别的企业给出的每年200—300万日元的方案相比，默克公司的方案整整多出一个数量级。而这个合作能够成功的重要原因，就是帝施勒向默克公司大力推荐了大村智，他高度评价了大村智的工作能力和品行。

就这样，大村智回国后的研究费也有了眉目。完成了与秦藤树的全部约定后，大村智离开了卫斯理安大学。

回国的时候，大村智有一件东西想要作为纪念带回日本，那就是帝施勒研究室里贴着的一幅漫画。帝施勒把报纸上刊登的漫画剪下来，自己在漫画人物边上写下了大村智和文子的名字。漫画画着"大村智"在打高尔夫球，而边上担任球童的"文子"则在打算盘，漫画内容和两个人的形象非常贴合。在大村智看来，这一幅漫画完美展现了帝施勒丰富的幽默感。大村智对帝施勒提出想要带着它回国的时候，帝施勒非常高兴地把画交给了他。

1973年1月，留下了丰富的回忆和研究成果，并且结交了众多美国研究者的大村智和文子恋恋不舍的离开了米德尔敦。在这两年的时间里，大村智与帝施勒共同发表的论文有六篇之多。大村智优秀扎实的工作能力可见一斑。

在卫斯理安大学经历过的所有时光，都成为了大村智在后来的研究活动中的重要动力。

第三章 ——

研发伊维菌素

稀有的拥有四张"面孔"的研究者

2015 年 10 月 5 日,诺贝尔生理学·医学奖获奖名单公布,媒体报道了大村智获奖一事。三个月前的 7 月 12 日,"大村智老师荣获盖尔德纳全球健康奖·朝日奖暨八十寿诞庆祝大会"在东京帝国饭店举行。庆祝会选择在大村智的生日当天举行,曾经与大村智共事的岩井让作为发起人代表,用了"拥有四张面孔"来介绍大村智。

第一张面孔是研究者的面孔。山梨大学毕业后,大村智由夜校教师转为研究者,发现了大量抗生素,几乎根除了肆虐的热带疾病。盖尔德纳全球健康奖正是为了表彰此项贡献而授予大村智的。同时,到目前为止,由大村智推进的国际性校企合作,向研究机构提供了大约 250 亿日元的专利使用费作为资金。如此高的金额纪录即使在今后也很难被打破。

第二张面孔是经营者的面孔。大村智带领曾因经营不善陷入破产局面的北里研究所走出困境，开设了新的医院。大村智通过自学累积的财务知识培养起的经营直觉令专家也大为叹服。

第三张面孔是培养人才的导师面孔。公平的给与每个人机会，只要对方有干劲，大村智从不吝惜自己的支持。而他的指导能力更可谓卓越超群。

第四张面孔是美术、教育界领导者的面孔。大村智的美术造诣深厚，也是非常有名的绘画收藏家，被邀请担任女子美术大学的理事长达14年之久。他还同时创设了公益财团法人山梨科学院，积极促进养育自己的家乡山梨县的科学发展。

岩井在大村智担任北里研究所所长时期，作为所长助理和事务本部长，一直在背后支持大村智。岩井用达尔文的生命之树做比喻，描述了大村智从主干出发，衍生出无数分支，蓬勃发展的过程。

岩井这样称赞道，"大村智老师制定目标后就向着目标前进的集中力是非常惊人的，积累了丰硕的成果"。"大村智之树"从茁壮的主干上伸展开了四条巨大的分支，各个分支枝繁叶茂，硕果累累，桃李满天下。

成为人生转折的美国进修和"大村智方式"

对于大村智来说，人生最大的转折点就是前文提到的去美国东海岸的卫斯理安大学进修一事了。大村智回日本前与默克制药公司就进行校企合作达成协议，并于日后在东京签订了正式合同。这份合同在美国被称作"大村智方式（Oomura Method）"，是大村智独自创立的一种合作方式。

默克公司的工作人员为整理并签订合同而来到东京的时候，大村智在宾馆闭门不出，在与默克公司交涉的同时用英语起草完成了合同内容。与默克公司达成一致的"大村智方式"的主要内容大致如下：

> 北里研究所和默克公司在兽用抗生素、酶抑制剂以及通用抗生素的研究开发等领域结成合作关系。

> 为促进北里研究所的筛选以及化学物质研究，默克公司向北里研究所每年支付 8 万美元，共计 3 年。

> 针对取得专利的研究成果，默克公司享有其专利的独占权，同时拥有相关的附属专利权。

> 但是，在默克公司不再需要该专利而北里研究所需要该专利的情况下，默克公司放弃其专利权。

> 专利作为商品发售时，默克公司依据国际上专利使用费的一般标准向北里研究所按照净销售额的一定比例支付费用。

这份合同的第一个特色就是研究开发"兽用抗生素"

这一条了。关于设置这条内容的经过，大村智这样讲述道：

"供人类使用的抗生素大部分已经被开发研究出来了，作为后来者的我们就算是参与研究开发也赢不过别人。这样的话，我觉得还不如开拓尚且'一片荒芜'的兽用抗生素领域。通过研制家畜用抗生素而促进农畜产业产量提高的话，既是对人类的贡献，同时，对家畜等动物有效的药物迅速作为人类用药导入使用的可能性也很大。"

研究开发的目标是寻找能够杀死寄生在动物消化器官内的线虫寄生虫的药物。寄生在动物消化器官内的线虫会吸收动物体内的营养，导致饲料的效果变差。如果能够驱除杀灭这类线虫的话，动物就能更好地吸收饲料的营养，可以节省饲料费用。

在这份合同中，大村智独特的研究直觉得到了充分发挥。进行家畜用抗生素的开发，其实同进行动物实验是一样的，因此人类也可以使用该抗生素的可能性是非常高的。大村智敏锐的研究直觉正中靶心，送到默克公司的大量微生物产生的化学物质中，研制出了数种动物用特效药，为农畜业带去了福音。不仅如此，此举还促进了治疗热带地区严重的感染病和地方病的特效药的发现。

合同的第二个特色是关于专利的条款。大村智研究室发现的有用化学物质的专利由默克公司进行申请并拥有该专利。从提交专利申请到成功取得专利权，需要专业人才和资金支持。而且仅在日本申请专利的话，就算申请成功也没有任何意义，必须要在世界各国同时取得专利才行。要处理如此庞大的办公量，对于仅有数人的大村智研究室来说，是根本不可能完成的工作。而且，在当时的日本还并没有关于如何将大学研究得到的专利迅速转移至企业的方案或者制度。申请专利这一工作不如就交给精通于此的默克公司。如此一来，专利权掌握在默克公司手中，对于默克公司来说也更放心。当默克公司开始使用大村智研究室发现物质的专利进行商业化生产后，大村智研究室就可依据其销量收取专利使用费，用作自身的研究资金。

这就是"大村智方式"。

与默克公司的共同研究始动

在获得诺贝尔奖后的记者会上，大村智从钱包里取出来一个小塑料袋，一边说着一边向记者们展示，"不管去哪里，我都会收集当地的土壤装进这个袋子里带回研究室"。用一个小勺子挖一勺土带回研究室，然后分离出存活在土壤中的微生物进行培养，再分析该微生物生成的化学物质。

大村智研究室和默克公司是这样界定双方的任务分担的：大村智研究室对微生物进行分离，通过摇管级别的实验来确定该微生物能否产生有用物质，之后将菌株连同全部实验数据一起发给默克公司。

收到菌株和数据的默克公司，对大村智发来的微生物进行培养，并进行动物实验来调查其是否有效。研究目标也不再仅仅局限于动物用药，共同研究的内容慢慢扩大为探索能够破获引起化学反应的酶的物质，以及有促进发育等作用的物质。

默克公司将大村智提纯出的微生物产物直接应用于动物身上，进行"筛检"实验来鉴别其是否有效。当时默克公司负责动物寄生虫部门的部长是威廉·坎贝尔，大村智与坎贝尔共同获得了诺贝尔生理学·医学奖。

"OS—3153"微生物培养液

在坎贝尔的主导下，默克公司使用大村智研究室寄来的微生物培养液进行动物实验，以检测其是否有效。将培养液应用于人工植入寄生虫的小白鼠身上，检测寄生虫的数量是否减少。

坎贝尔等人在小白鼠身上使用了大村智研究室寄来的编号为"OS—3153"的微生物培养液。编号开头的"OS"是大村智名字的英文缩写。使用此培养液时，明确观察到了小白鼠体内寄生虫有所减少。不管做多少次实验，都得出了相同的结果。

这件事成为了微生物产生的化学物质"OS—3153"能够杀死寄生虫的有力证据。

这份报告从默克公司发回大村智研究室的时候，研究室顿时一片欢呼雀跃，因为实验结果宣告了开发动物用药这一初期目标已经迅速达成了。

大村智和默克公司的研究小组将这个从微生物中提取分离出来的化学物质命名为阿维菌素。

默克公司在小白鼠实验成功后，接下来为了调查其在家畜动物身上是否有效，开展了大规模的动物实验。同时，为了便于在动物身上的应用，对阿维菌素进行了化学改构，并将改构后的物质命名为伊维菌素。

到访北里研究所的威廉·坎贝尔与大村智的合影（1990 年）
二人共同荣获了 2015 年诺贝尔生理学·医学奖

放牧饲养的牛的胃肠里通常有大量寄生虫存在。多的时候寄生虫的数量甚至可以达到五万以上。默克公司从这样的牛里选择了24头，平均分成两个组，一组服用伊维菌素，而另一组则作为对照组，不采取任何措施。

实验结果显示出伊维菌素惊人的效力。一次服用200微克（0.2毫克）伊维菌素的小组，牛体内几乎所有的寄生虫都被杀灭了。而对照组的牛则几乎没有变化。

仅仅服用一次就能产生此般效果，不管是大村智研究室还是默克公司的研究小组都难掩兴奋。双方在尽快整理实验结果进行专利申请的同时，也开始进行学术论文的发表准备。

默克公司支付专利使用费

1974年，在静冈县川奈高尔夫球场附近的土壤里发现了由放线菌生成的伊维菌素，之后的五年时间，完成了抗寄生虫作用的有效性、毒性、安全性等实验。经过了这一系列实验，当在国际学会上正式发表时，已经是1979年了。而伊维菌素的惊人效力已经在研究者之间广为流传，因此，报告会现场被听众围得水泄不通。

报告会上，从放线菌的采集到微生物的鉴别、产生物质的分离，以及使用其培养液进行的大量实验结果，大村智等一边展示数据，一边进行了报告。报告结束后，听众纷纷举手，提问接连不停。每当学术报告会上出现优秀的研究成果时，会场的氛围都会变得不同寻常的热烈，连同观众都会兴奋起来，当时的报告会现场也是这种热烈的氛围。

被问到最多的问题莫过于"真的只用了一次就起效了吗？""为什么仅仅一次就能够起效呢？"之类的疑问了。针对这些问题，大村智不停地重复着"正因为有效，所以一次就能够起效啊"，会场可谓盛况空前。而这次学术报告也被各类媒体报道，伊维菌素的强大效果家喻户晓。

决定将伊维菌素作为动物用药投入生产的时候，默克公司遵从与北里研究所签订的共同研究协议内容，向北里研究所支付专利使用费。而这与之前默克公司提供的研究经费不同，换句话说，这是默克公司支付的开发成功的报酬。这笔钱成为支撑大村智研究室研究活动的重大资金来源。

当时，大村智与默克公司就伊维菌素的专利使用许可协议重新进行了协商。默克公司提出，想要用三亿日元购买伊维菌素的菌株。也就是说，默克公司希望用一笔钱一次性买断。

北里研究所的理事会听说后，更倾向于接受这笔三亿日元的款项。然而大村智不同意这个提议。化学合成物质生产为药品后，应用范围更广，其销售额将是难以想象的惊天巨款。

大村智向默克公司提出了坚持依据销售额支付使用费的主张，并且要求其使用与伊维菌素相关的物质开发生产新药的时候也支付相应的专利使用费。

此时也是大村智独特的直觉发挥了作用。默克公司与大村智就使用费的协议内容以及使用费的支付比率进行了多次交涉，但默克公司提出的使用费金额和支付比率始终得不到大村智的认可。

因此，大村智提出请熟知共同研究始末的帝施勒来审核协议。默克公司也同意了大村智的提议。

帝施勒曾担任默克公司研究所所长，对默克公司作出了重大贡献。同时他对企业和大学研究的情况都非常了解，可以在默克公司与大村智之间进行公正的判断。

而审核的结果由帝施勒的一句"让大村智满意（Make Satoshi happy）"一锤定音。正因为大村智在卫斯理安大学留学时，两人结下了深厚的友谊和信赖，帝施勒才会给出这样的结果。

最终，默克公司作出了妥协，同意了大村智提出的专利使用费的条件，合同顺利签订。而通过这个专利许可协议，后来的北里研究所从默克公司一共收到了超过200亿日元的专利使用费。大村智的预见得到了验证。

对犬心丝虫病也有奇效的伊维菌素

养狗的人一定知道，在过去很多狗会因为患丝虫病而失去生命。一种叫作丝虫的寄生虫会寄生于犬类心脏，渐渐夺走其生命。而伊维菌素被证明也可以杀灭这类丝虫。

针对犬心丝虫病，伊维菌素也是一次服用即可起效。犬类寿命得到明显延长，也是因为摆脱了犬心丝虫病的困扰。

伊维菌素的效果远不止于此，它被验证对螨虫以及昆虫等节肢动物也有效果。节肢动物是动物界最大的分类，昆虫、甲壳类、蜘蛛、蜈蚣等有着坚硬的外壳和关节的动物都包含在内。

因皮肤表面遍布寄生的螨虫而日渐衰弱的牛，只要服用过一次伊维菌素，两三个月后就能够完全痊愈。

而伊维菌素不仅能够杀灭螨虫，对大多数昆虫都能起效。因此，也被应用在蔬菜栽培以及果树种植，甚至花卉园艺方面，得到了农业和园艺领域的极高评价。

1983 年之后的大概 20 年时间里，默克公司的动物用抗生素的销售额一直保持着世界顶尖水平。而依据合同，其销售额的一部分作为巨额的专利使用费，被支付给了北里研究所。

从动物用药到人类用药的发展

既然大型家畜只要服用或者是皮下注射少量的伊维菌素，就可以对治疗寄生虫产生立竿见影的效果，那么下一步自然而然就是探索它是不是也可以用来治疗人类的疾病。这也是大村智最初的意图。

默克公司立刻开始了将伊维菌素作为人类用药使用的毒性检测等准备，并将开发治疗世界各地发生的线虫、寄生虫等引起的疾病的特效药作为最终目标。在积累了一定的临床试验后，默克公司着手进行药物开发并成功实现了产品化。

以泰国、越南、印度尼西亚为中心的东南亚地区，一种叫作粪类圆线虫病的地方病肆虐横行。粪类圆线虫是一种长约两厘米的丝状寄生虫，寄生在小肠上部的黏膜里。在日本，奄美、冲绳等西南诸岛是主要的发病地区。主要感染方式是潜藏在土壤中的幼虫经由皮肤或者指甲的缝隙侵入人体引发感染发病，伊维菌素被证明对此疾病疗效显著。

感染粪类圆线虫病的患者几乎都是十几年甚至几十年前就已经感染了该病。粪圆线虫在人体体内发育为成虫之后便会在肠道内产卵，虫卵孵化为幼虫后经由血液以及淋巴液等移行至肺部和肠道发育成虫，然后继续产卵繁衍。而正是粪类圆线虫在寄主体内的这种重复繁衍方式，导致寄主在长达十几年甚至几十年的时间里循环感染此病。

随着年龄增长，人体免疫力低下时，粪圆线虫病的症状也会加重，甚至可能导致死亡。世界范围内的患者据说曾高达约 4000 万人，由于日本使用伊维菌素作为治疗药物，现在日本的冲绳以及九州地区已经几乎没有感染此病症的患者了。

对螨虫引起的疥癣病亦有奇效

有一种只能通过显微镜观察的细小螨虫，叫作疥螨。常于指间、腋下、外生殖器等部位寄生并产卵，引发疥癣病。感染后患处皮肤会产生剧烈瘙痒，出现小粒红色疱疹状物，并扩散至全身。

在养老院等地方，哪怕只要有一个人患上了疥癣病，不仅会引起周围老人的感染，同时还会传染给在设施内工作的护士和职员，引起很大的骚动。

过去没有针对该病的特效药，只能通过在患处涂抹各种药物进行抑制，不经过无数次的涂抹类固醇和杀虫剂是无法治愈该病的。然而，2006 年 8 月，在日本，伊维菌素被划归医疗保险范围内后，大部分患者只要经过一次服药就可以痊愈。其堪称划时代的显著疗效，甚至引起了媒体对伊维菌素这一药物的热议。

拯救失明患者的划时代新药

渐渐地，伊维菌素的大名传遍了世界。因为它不仅能治愈前文介绍过的各类病症，人们还发现它对因患者众多且病状惨不忍睹而为世人所惧怕的河盲症也有奇效。最早着手使用伊维菌素治疗河盲症的是美国的穆罕默德·阿齐兹。

河盲症是由丝虫中的盘尾丝虫引起的传染病，主要分布、流行于非洲，中南美等热带地区。导致感染的是比苍蝇还小的黑蝇，黑蝇的成虫大小只有苍蝇的四分之一左右，虫

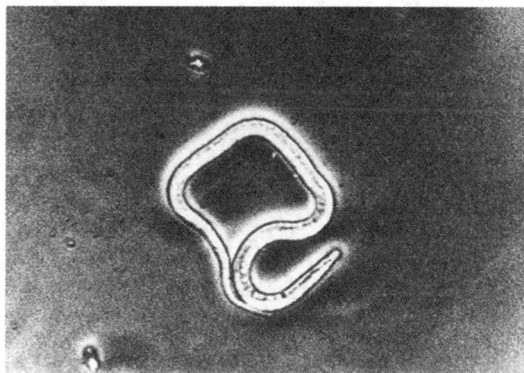

引起河盲症的线虫微丝蚴。微丝蚴侵入眼睛会引起白内障和角膜炎，甚至导致失明

体微小，和蚊、虻一样，只有雌虫吸食血液。但与蚊子不同的是，黑蝇雌虫在吸血的时候会叮咬皮肤产生略微的疼痛感。

非洲赤道地区的河川流域，到处都是黑蝇的繁衍栖息地。被黑蝇叮咬感染后雌虫产下幼虫微丝蚴，微丝蚴主要移行至皮肤并侵入眼睛，造成失明。由于雌虫的成虫在皮下形成的小结节内可以存活长达 15 年，因此该病是一种十分棘手的传染病。

每年大约有 1800 万人感染该病，其中约有 27 万人失明，还有 50 万人因此导致视觉受损。为了杀灭导致人们感染微丝蚴的黑蝇，当地甚至曾在非洲的河川地区使用直升机喷洒杀虫剂，最终由于地域太过辽阔而收效甚微。

然而，现如今只要让人们服用少量的伊维菌素，就可以实现完全预防微丝蚴感染。

获得世界卫生组织盛赞的伊维菌素

2004 年 9 月，大村智从东京出发，踏上了视察瑞士和非洲的旅途。首先是去日内瓦的世界卫生组织（WHO）总部了解发放伊维菌素的相关事宜。并决定前去河盲症的感染区加纳和布基纳法索，视察为根治该传染病而发放伊维菌素的工作现场。

在世界卫生组织总部，大村智前往时任总干事的李钟郁、日本厚生劳动省派赴任职的传染病部门主任远藤弘良、热带病研究和培训特别规划所（TDR）所长等人的办公室拜访，就与北里研究所的合作关系进行了磋商。同时，大村智还询问了发放伊维菌素的具体情况。所有人都众口一词地称赞伊维菌素的神效，"与过去任何一种治疗热带病的药物相比，该药剂的效果都是出类拔萃的"。

在加纳视察时目睹的惨状

大村智从世界卫生组织总部飞抵加纳首都阿克拉，随后乘车前往内陆的阿兹班德。

乘车前往该地途中，加纳的职员突然指示司机立刻停车，大村智顺着他指的方向看去，荒无人烟的灌木丛中，朽坏坍塌的建筑物的砖红色残骸暴露在众人眼前。

"这里是过去的村落的废墟。由于河盲症肆虐，人们为了寻找安全地带纷纷迁移到别的地区去了。"

紧邻河流的村落是河盲症疫情频发的地区。看着眼前几乎连废墟都称不上的村落遗迹，大村智不由得开始怀疑伊维菌素是否能够成功防止河盲症。

直到抵达红土绿树环绕的阿兹班德，看着健康活泼的孩子们脸上灿烂的笑容，大村智才放下心来。

　　然而等到习惯这里之后，就会注意到随处可见的被孩子们用引导杖引领前进的盲人的身影。伫立在世界卫生组织总部的铜像也展现了同样的光景，该铜像正是为实现彻底消灭河盲症这一目标而铸造的。在北里研究所的入口一侧也立有该铜像的复制品。

　　做向导的政府职员介绍说，在约有 500 人的村落里，差不多每十个家庭中就有一个家庭中有盲人。失明是逐渐恶化的，因此失明者慢慢占据了劳动力的多数。

　　在村子正中的大树下，失明的大人们与感染了淋巴丝虫病的人们聚集在一起。侵入淋巴系统的微丝蚴寄生在淋巴管以及淋巴结内，引起阻塞和炎症，导致身体末梢部分的淋

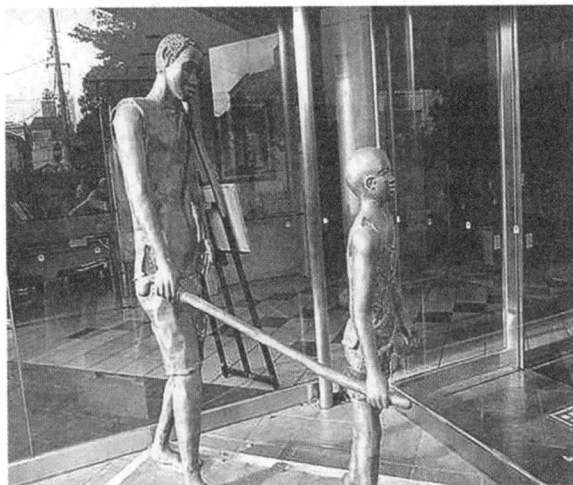

世界卫生组织总部里，一座表现孩子用引导杖引领因河盲症而失明的家长前进的铜像。北里研究所也设有这座铜像的复制品

巴液滞留，引起结缔组织肿大，因此，那些患有淋巴丝虫病的人们的腿脚都肿胀得像树干一样。并且，微丝蚴侵入皮肤后，会引起患部的剧烈瘙痒，因奇痒难忍而不停挠抓导致血肉模糊的人也随处可见。

目睹了众多被传染病折磨的人们的惨状后，大村智不由得倒吸了一口凉气。

被伊维菌素的神奇效果所挽救

与被河盲症折磨的大人们形成鲜明对比的是服用了伊维菌素后得以远离河盲症魔爪的孩子们朝气蓬勃的身姿。大村智被带到了村子的教室，黑板不过是一块涂了黑墨的粗糙木板。向导向大家介绍大村智是从日本来的老师的时候，孩子们的一张张小脸上满是茫然。

向导让大村智站到黑板前，用简单的英语同孩子们交流。不管是说到日本还是东京，大家都一无所知。大村智看着孩子们充满好奇的眼睛，尝试着问了一个问题：

"你们知道异凡曼霉素吗？"

话音刚落，孩子们争先恐后的欢叫起来。异凡曼霉素正是伊维菌素的商品名，在当地大家只知道这个名字。

向导立刻对大家说明道，"这位就是研制出了异凡曼霉素的老师。"

2004 年，在加纳共和国的阿兹班德，大村智向孩子们讲述日本的事情

　　于是教室里的欢叫声更加沸腾起来，孩子们兴奋地不停呼喊着："异凡曼霉素！异凡曼霉素！"

　　大村智看着孩子们眼里的光华，切身感受到孩子们身上喷薄而出的年轻的热情和能量，不禁激动得浑身颤抖。

　　等到这些孩子们长大了，河盲症和淋巴丝虫病都会变成只出现在故事里的传说吧。而这些村子也会因为劳动力的大量增加而重新焕发活力吧。大村智这样期待着。

　　向导拿起相机后，孩子们迅速围住了大村智。大村智摆出 V 字手势后，孩子们也欢笑着摆出了 V 字手势。被包裹在健康的年轻闪耀的人潮中，大村智第一次切实感受到自

2004 年，在加纳共和国的阿兹班德，患有河盲症的孩子们服用伊维菌素后都痊愈了，孩子们围着大村智，表达着热烈的欢迎之情

已的努力给当地带来了光明。

即将被消灭的河盲症

在普及伊维菌素前，全世界每年约有 1800 万人感染河盲症。其中包括失明者在内，罹患重度眼疾的人超过 100 万人。然而现在只要每年口服一次一定剂量的伊维菌素，就可以预防造成失明的最主要原因微丝蚴感染。

而伊维菌素最为人称道的优点则是，它并不需要由护士等医疗人员进行疫苗注射，只要由当地的管理人员将少量伊维菌素发放给居民，用水送服即可。

世界上有无数种传染病，而治疗这些病症的抗生素也多到数不清。但是一年仅仅需要服用一次就可以起到治疗效果的药物可以说只有伊维菌素。同时，大多数抗生素都存在抗药性的问题，然而伊维菌素（商品名异凡曼霉素）从1987年第一次投入使用以来，直到现在每年约有三亿人服用该药物，依然连一例抗药线虫都没有出现。

大村智与默克公司决定无偿向感染区的居民提供伊维菌素，通过世界卫生组织向世界各地的感染地区发放伊维菌素。

放线菌全基因测序的先驱

大村智是世界范围内发现放线菌生成的化学物质的先驱，并在此基础上实现了伊维菌素这一药物的大量生产。因其效果极其显著且作用范围广，立刻成了空前的畅销药品。

此后，到底所谓的放线菌具有怎样的基因，尤其是放线菌是如何在细胞内生成伊维菌素等问题备受瞩目，要解开其合成原理成为了最受关心的课题。

只要弄清楚与伊维菌素的生物合成相关的基因，就能够通过基因工程自由制作新的化合物。因此，放线菌的全基因测序工作成了当务之急。通过解读放线菌的全部染色体组，说不定可以弄清楚很多未解之谜。

不论从事何种研究，翻过一座大山后，总是会有新的高峰出现在眼前，研究课题是层出不穷的。当时尚未有人完成放线菌全基因测序，其学术价值不言而喻。也正因如此，这是一座必须翻越的高峰。

同时，该放线菌是大村智发现的，因此无论如何大村智都希望由日本人来完成其基因测序。然而在当时，曾经为解读人类基因组作出巨大贡献的英国桑格研究所已经开始了对放线菌基因的分析，日本要想做出超越是非常困难的。

于是大村智扛起了总负责人的重担，集结独立行政法人制品评价技术基盘机构、北里大学、国立感染病研究所、理化学研究所、东京大学医科学研究所等机构的研究人员，成立了大型共同研究项目，开始进行测序工作。

经过两年半时间，大村智的共同研究已经完成了99.5%的放线菌基因测序，并在日本国内外发表了其成果。国际上，2001 年 8 月 6 日，北里大学的池田治生在加拿大温哥华举行的国际放线菌学会（ISBA）进行了报告，而日本国内则由大村智在第 43 次天然有机化合物讨论会上进行了报告。

其研究成果显示，放线菌内有 9025608 对碱基，并存

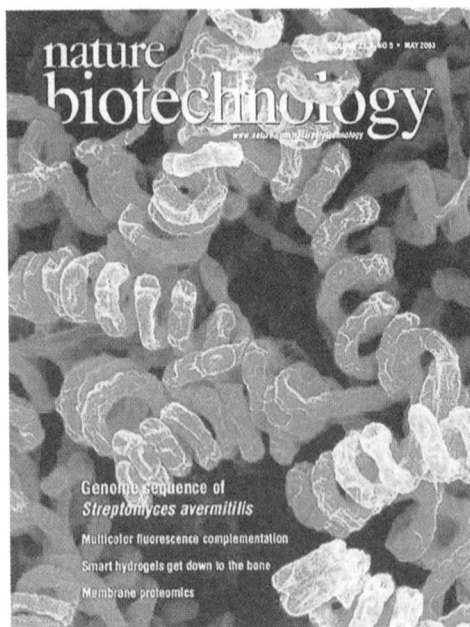

《自然·生物技术
（Nature Biotechnology）》
上刊登了解明阿维菌素
（伊维菌素是其衍生物）
全碱基序列的论文。该期
封面就是产生阿维菌素的
阿维链霉菌 Streptomyces
avermitilis 的显微镜照片。
（2003 年）

在 30 种二次代谢产物的基因群，占全染色体组的 6.6%。这
项基因测序的国际竞争中，学术界相关人士都知道日本面临
的艰难局面，但是通过池田等人的努力，日本以迅猛的发展
劲头追上了领先三年的英国。

大村智说道："这是一个绝好的范例，向全世界展示了
日本生物技术发展水平以及我们拥有的与欧美比肩的科研实
力。而正是因为有了伊维菌素的专利使用费，我们才能够完
成这种耗资以亿（日元）为单位的项目。"

活用腐烂的南瓜

1975 年秋的某一天，晴空万里。大村智在自家宅院附近的东京都世田谷区濑田的一处空地看到了一个腐烂的南瓜，并且发现南瓜腐坏的一些部分长出了蛛网霉。

大村智迅速拿出总是装在包里随身携带的小塑料袋，采集了样本。大村智已经养成了这样的习惯：不管走到哪里，都要采集土壤样本，发现任何在意的东西也要采集样本带回研究室。

第二天，大村智带着采集的南瓜的一部分去了研究室，让负责菌种分离的研究员进行分离和分析，在这些蛛网霉里发现了 10 余种微生物。

同时针对各菌种进行提纯培养，以确认它们是否能够生成抗生物质或者有其他生理效用的物质。最终，研究发现，该菌是放线菌科的微生物，并且能够生成阻止病毒感染的新物质。

于是紧接着下一步工作——弄清楚该化合物的构造，并解明其防止动物被病毒感染的作用机制，就紧锣密鼓的展开了。

不断开发新的筛选方法

分析微生物合成化学物质的方法叫作筛选。这种方法的具体实施方式多种多样，而大村智研究室秉持自由创新的理念，开发了高效实用的独创性筛选方式，不断发现新的化学物质。

大村智这样说道："我并不会拘泥于所谓的自己的研究领域，我的想法是只要觉得有趣，不论什么领域都可以尝试。在与不同学术领域的学者交流的过程中，常常会收获一些外行才能注意到的有趣发现，然后我就会试着去研究一下这些发现。"

而好奇心如此旺盛的大村智有一条日常时刻挂在心头的原则。大村智这样描述道："与别人做同样的事情，就算做得再好，也只能在别人实现的成就下止步不前，而做自己的研究，虽然会有比别人更差劲的风险，但同时也带来了超越别人的机会。"

在推进自己的研究的时候，虽然有时也会因为误判方向而一无所获，但更多的时候会带来新的发现。大村智对此深有体会。

因此，大村智选择坚持自己的创意，不拘泥于既有条框，自主开发筛选的新方法。

关于研究活动的源泉——好奇心，大村智是这样理解的：“我始终怀抱好奇心，进行新尝试的时候并不会考虑结果如何。而像我一样进行跨学科研究，几乎可以说是杂学的研究者，我还真是没见过。也许这就是为什么我能够收获别人没有实现的研究成果吧。”

这就是大村智式研究的能量源泉，并且带来了新化学物质的发现，催生了新的研究成果。

而研究室筛选的结果，并不一定都能像计划好的那样顺利发现有用的化学物质。成功的同时，必然也会有很多失败。

即使发现的化学物质不能实现应用，研究室也会用这些物质进行应用研究。其研究成果既是对筛选的反馈，也能够增加研究员们对筛选工作的热情，提高筛选工作的质量。

通过基因工程创造嵌合体

大村智研究室利用浅蓝菌素可以阻断脂肪酸生物合成这一特性，开始进行让微生物合成目标化学物质的基因操作研究。

大村智发现，先向微生物投放浅蓝菌素，使其无法生成某种化学物质，然后加入结构极为相似的其他微生物生成的物质，新加入的物质就会被吸收，从而产生拥有新的结构的化学物质。这种新物质被命名为嵌合霉素。

大村智认为造成新物质产生的原因是基因交换，但大村智研究室并没有进行过类似于交换基因的研究，因此无法推进基因工程研究。

英国约翰英纳斯中心的教授霍普伍德等人，对基因运载体质粒以及放线菌的遗传信息进行了详尽的研究。他去日本的时候，与大村智探讨了很多研究方法。最终，得出的结论是，或许可以将目标基因转移到质粒这一基因运载体上，然后将质粒整合入其他微生物的基因，使其生成新物质。

大村智提议双方合作，共同进行研究，霍普伍德立刻表示赞成。大村智研究室拥有替换基因创造新抗生物质的创意及原生微生物，通过与擅长基因工程操作的霍普伍德的共同研究，终于成功创造出了新的化学物质。这个新的嵌合体化学物质是世界上第一例通过微生物基因工程而产生的化学物质。

这项研究成功后，其成果刊登在科学学术杂志《自然》上。论文发表时，霍普伍德为向提供了创意和微生物的大村智致敬，提议将大村智的名字放在论文作者序列的最后。

论文作者里排序最后的作者名字被称作通讯作者，通常是完成论文的研究小组中最有资历的科研人员。进行国际性研究活动的一流学者，往往都非常尊重他人的创意，并且乐于给予高度评价。

大村智切身体会到这一点，感到由衷的喜悦。

适合日本人的共同研究体制

大村智把寻找能够产生有用物质的微生物这一研究称为"体力活儿研究"。就是说，在这类研究中，动脑固然重要，但首当其冲的要务是动手。在进行这类研究时，由多位研究员分担不同的任务，以团队为单位推进工作的研究体制必不可少。对于这种研究体制，大村智有自己独到的见解。

大村智进行的探索微生物生成的抗生物质这一研究，并不是化学研究者能仅靠一己之力完成的。不仅需要有人负责分离产生抗生物质的微生物，还需要有人对物质结构进行分析，需要有人测试、评价其药理活性。尤其在实际工作中，要在研究进行的第一线上协调推进共同研究是非常困难的。至于能否发现有用物质，则几乎全凭运气。就算是全体相关人员花费一整年时间，拼尽全力却一无所获的例子也并不少见。

大村智认为，日本人更擅长进行需要开发高效的筛选方法并各自分担任务团队合作的共同研究。而大村智的这种想法，与领先世界的日本制造业在工作现场每日贯彻的"全员协调行动体制"不约而同。

大村智与年龄共同增长的成就

让我们以十年为单位，梳理一下大村智从 1960 年开始的研究生活。

1960 年代是大村智努力成为一名研究者的助跑期。从一名高中夜校教师到去东京理科大学大学院刻苦钻研成为山梨大学的研究员，并且最终进入北里研究所。这一时期，大村智为了成为能够独当一面的研究者而进行了大量训练与积累。

1970 年代开始的十年，大村智去了卫斯理安大学进修，与美国最顶尖的学者们进行交流，结识了许多活跃在国际上的学者，拓展了人脉。同时，正是在这一时期，大村智学习了经营研究所和进行学术研究的方法。

学成归国之际，大村智效仿美国的校企合作，确立了大村智式校企合作方式，获得了充沛的研究资金，巩固了研究所的基础。在当时的日本，尚未出现企业出资支持研究的这种校企合作方式。

大村智将在美国学到的经验转化成自己独到的研究方式带回日本，并且开发了从微生物提取有用化学物质这一全新的探索方法（筛选法），不断开拓新领域。

1980 年代开始的十年，大村智把担任北里研究所监事一职作为学习经营方法的机会，集中精力着手重振研究所。他辞去北里大学药学部教授，抱着将余生奉献给研究所的觉悟，全心全意投入到了这项事业中去，完成了在埼玉县北本市建设新医院等瞩目业绩。同时在研究上，大村智依然持续发表新见解，伊维菌素等专利使用费使收益激增，更确立了大村智研究室不可动摇的地位。

1990 年代起的十年，大村智就任北里研究所所长，这一时期也是大村智的成就获得国内外一致好评的时期。大村智不仅接连获得了日本学士院奖、紫绶带奖章[①]、藤原奖等奖项，频繁被欧美举办的学会、研讨会、讲座等邀请进行演讲，还采用全新方法促进了研究室学术研究的发展。

一票之差与所长失之交臂

上一节里，我们以十年为单位回顾了大村智的研究生活，然而他的研究之路却并不像看上去那么一帆风顺。尤其是 1987 年 6 月举行的北里研究所所长选举，成为了决定大村智接下来人生走向的重要选举。

---

① 译者注：紫绶带奖章是日本政府授予在学术上或者艺术上有发明、改良、创作功劳的人的一种奖章，绶带为紫色。

　　北里研究所当时是社团法人①，所长人选由社员总会的
50多名成员投票决定。时任所长的水之江公英希望副所长
大村智成为下任所长。

　　然而"反对派"的势力却在所内悄无声息的生根发芽、
逐渐壮大。"大村智一旦接任所长就会立刻开除上了年纪的
研究员，现任理事们也都会被赶下台"等风言风语在所内四
处蔓延，大村智本人却毫不知情。

　　选举结果揭晓后，大村智最终以一票之差落选所长，
所长由水之江公英连任，而大村智则继续担任副所长。直到
三年后，大村智终于在水之江的支持下就任所长，并在此后
连任所长达17年之久，并且每一次连任选举，大村智都以
几乎不需要投票的压倒性优势胜出。

　　大村智刚接任所长的时候，水之江鼓励他，"你想做什
么就放手去做。如果出问题的话，我来承担责任"。然而每
一次做出重大决定之前，大村智都会征求水之江的意见。如
此周到细致的做事方式，正是来源于大村智在其人生经历中
形成的品格。

　　大村智接任所长之际，提出了一个条件——继续维持
自己的研究室，坚持研究。而之所以如此，正是因为妻子文
子总是鼓励大村智，"你可千万不能放弃做研究，不管发生

―――――――――――――

① 译者注：社团法人，日本指为一定目的而结合在一起的人的集合体，被承
　认具有法律权利义务的法人。

什么都要坚持研究啊"。

当时，大村智研究室已经与诸多企业结成合作关系，获得了大量资金支持。大村智活用这些资金，不断地挑战新的研究课题。

第四章

—

获得国际认可

荣获国际性学术大奖

虽然大村智取得的成果逐年增加，但直到 1980 年代后半，他才真正得到国际性上的认可。1985 年，大村智第一次荣获学术大奖——Hextol 细胞奖。

该奖被誉为美国微生物学会化学疗法部门最高奖，因此接到获奖通知时，大村智也十分意外。荣获该奖，不仅是对大村智发现伊维菌素等一系列微生物合成化学物质的成就的表彰，更说明他所做的研究获得了国际上的认可，为此，大村智感到由衷的喜悦。

1986 年，也就是获得 Hextol 细胞奖的第二年，大村智荣膺"日本药学会奖"。

前文已经提到过大村智素来注重强调独创的重要性。大村智常常向学生以及研究同僚们传达自己的理念：追逐别人做过的事情没有任何意义，模仿者始终是无法超越原创

荣获Hextol奖后，大村智
在某公司进行演讲（1986
年）

者的。

　　而面对探索微生物生成的有用化学物质的大村智研究
室的研究员们，大村智则把"发现新物质就是我们独创性的
根源"这句话当作口头禅，不仅说给大家听，同时也是对自
己的提醒。

　　日本人的成果要想获得海外的认可，可谓困难重重，
大村智对此深有体会。而获得Hextol细胞奖则让大村智感
受到了为突破屏障所付出的努力的意义。

与国际顶尖学者的交流

　　大村智通过学术交流拓展的人脉中不乏活跃在国际上

的有机化学领域权威专家以及诺贝尔奖得主。专注研究取得优秀成果的话，不仅可以获得同该领域的泰斗进行交流的机会，同时还可以接触更广阔的信息交换和讨论的平台，有利于了解最新的研究方法和研究成果。

通过与顶尖人士的交流可以了解国际上最新的研究动向。按照该水准推进自己的研究，就可以时刻保持领先。这是属于取得突破性发现的研究者的特权，而顶尖研究者们彼此启发所产生的协作效果则是不可估量的。

大村智只要一有机会就会向研究室的研究员们这样强调："跟高水平的人接触是非常重要的。在与高水平人士来往的过程中，我们自己也会慢慢接近他们的水准。因此一定要好好磨练自己，努力做高水平的研究工作。"

这是大村智从自身经历总结出的宝贵经验。

因"发现抗体多样性的遗传学原理"而单独荣获1987年诺贝尔生理学·医学奖的利根川进也曾提到"在诺贝尔奖得主周边经常会出现未来的诺贝尔奖得主"这一现象。他认为，"不接触走在世界前沿的研究者就无法获得最新的信息。而最前沿的信息往往会涌入诺贝尔奖得主那里。没有这些信息的话是很难取得领先他人的成果的"。

正因为大村智的研究成果始终保持着世界顶尖水准，邀请大村智进行主题演讲的国际性学会和研讨会逐年增加。而参加这些国际性学术活动也让大村智的交流圈越来越广阔。

来自哈佛大学的演讲邀请

1993年晚秋，前往美国东部地区出差的大村智访问了四所大学，并在其中两所大学举行了特别讲座。向大村智发去邀约的是哈佛大学的艾里亚斯·詹姆斯·科里和宾夕法尼亚大学的阿莫斯·史密斯。

科里因开发"有机合成的理论和方法"的贡献而成为1990年诺贝尔化学奖的单独得主。与大村智发现自然界存在的微生物生成的有用化学物质不同，科里的研究领域是合成天然有机化合物。科里确立了从结果探寻原因，即从化学反应的生成物入手分析合成该物质的原料物质的逆合成分析法理论。利用计算机创建并分析大量化学反应数据库，使计算机成为发现新的化学合成法的手段。

颁发诺贝尔化学奖的瑞典皇家科学院对科里的贡献给予了高度评价，"科里教授开发的有机合成方法，开拓了使用方便易得的原料合成复杂分子的路径，为世界人民生活水平以及健康水平的提高做出了极大贡献"。

科里邀请大村智在哈佛大学的研讨会上进行演讲，也是对1991年大村智邀请他参加神奈川县大矶召开的研讨会的一种回礼。学者之间常常会通过这种相互的学术邀请来加深交流。

　　大村智在那次研讨会上就尚未作为论文发表的新发现——乳胞素（Lactacystin）进行了报告。在之后的研究中发现，乳胞素是蛋白酶体（分解蛋白质的巨型筒状蛋白质复合物）的抑制剂。现如今，乳胞素已经被广泛应用在各类研究实验中。

　　在乳胞素被发现之前，学界虽然发现了蛋白酶体能够破坏蛋白质，但是如何调节控制这一过程尚不明确。乳胞素的发现使人们得以明确其作用机制，从而促进了蛋白酶体研究的飞速发展。

　　正如乳胞素所起到的作用一样，大村智发现的化学物质在基础性研究的第一线得到了广泛的应用。

科里成功实现人工合成

　　科里在大矶的研讨会上听了大村智的报告，回国后他向大村智发来邮件想要详细请教。虽然论文尚未公开发表，大村智还是将正确的结构式告诉了科里。科里凭借其高超技术，迅速完成了乳胞素的人工合成。为了表示对大村智的敬意，科里用"大村"的日语发音，将乳胞素的活性本体命名为"大村智酯 Omuralide"。

　　大村智上一次访问哈佛大学是在 21 年前的 1972 年夏末，正是他在卫斯理安大学进修的时候。当时大村智与哈佛大学的康拉德·布洛赫教授一起进行浅蓝菌素的研究，因此大村智的身影常常出现在哈佛大学校园里。

布洛赫在 1964 年凭借"发现胆固醇及脂肪酸生物合成机制"的研究成果荣获诺贝尔生理学·医学奖。将大村智引荐给布洛赫的是辉瑞公司的研究员塞尔玛，而介绍大村智与塞尔玛互相认识的则是大村智的恩师——卫斯理安大学教授帝施勒。就这样，大村智的人脉通过帝施勒、萨尔玛和布洛赫，逐渐拓展开来。帝施勒和塞尔玛分别于 1983 年、1993 年与世长辞。虽然新一代研究者逐渐接替老一代登上舞台，但学术交流的纽带却是一代代的传承了下来。

被邀请做特别讲座的大村智到达住宿的酒店后，收到了一条信息。令大村智意外的是，信息是布洛赫发来的，"明天我会去参加你的讲座，结束后一起吃晚饭吧"。

每当遇到与浅蓝菌素研究相关的话题时，大村智都会关注是否有关于布洛赫的消息。彼时的布洛赫已经 81 岁高龄，知道他依然健康，大村智心里一块石头落了地。

大村智和布洛赫联名发表了两篇关于浅蓝菌素的论文，因此浅蓝菌素研究的成果在国际上的研究者中知名度颇高。由于浅蓝菌素的研究成果声名远扬，索求样本的联系蜂拥而至，大村智回忆起当年的情景依然历历在目，仿佛就发生在昨天。

第二天，大村智利用上午的时间去了波士顿的美术馆。大村智非常喜欢欣赏绘画等美术作品，不论去哪里，都会挤

出时间去逛一逛当地的美术馆。回到酒店后，大村智打算稍
事休息后准备下午的讲座，这时电话响了。电话是科里打来
的。科里在电话里问大村智，"讲座开始前想陪你逛逛美术
馆，你看怎么样啊"。由于大村智刚好从美术馆回来，便礼
貌地婉拒了科里的邀请，但他对科里还记得自己的爱好一事
感到非常感激。

大村智被科里对自己的详尽介绍所感动

讲座当天，哈佛大学的一间教室里聚集了大约 70 名参
加者，其中大部分是博士后。最前排并肩坐着诺贝尔奖得主
布洛赫和科里这两位学界巨擘，还有国际著名学者斯图亚
特·施莱伯。如此豪华的讲座阵容，也只有在哈佛大学才能
得以实现。

在讲座开始前，科里对大村智进行了详尽的介绍。虽
然大村智在世界各地做过无数次演讲，已经听过无数次对自
己的介绍，但是科里介绍的详尽程度却是无人能比。从大村
智的研究成果以及他在科学领域发挥的作用到兴趣爱好，可
谓知无不言言无不尽，大村智不禁感慨万千。

一小时左右的讲座结束后，第一个提问的是布洛赫，
之后施莱伯提出了很多细致的问题。施莱伯是哈佛大学教
授，作为化学生物学的创始人，可以说是代表世界最高水平

的化学专家，甚至有人预测他将凭借其创建化学生物学的功绩而进入诺贝尔奖候选名单。邀请如此杰出的学者们出席大村智的讲座，足以见得科里对大村智的重视程度。

科里也提了两三个问题，然而，或许是出于对专家们的敬畏，年轻的研究员们并没有提问发言。讲座的最后，在科里的邀请下，大村智还对北里研究所的历史以及北里大学创立至今的历程进行了介绍。

讲座结束后，布洛赫带大家去了"哈佛俱乐部"餐厅。这个俱乐部由哈佛大学学生运营，美国前总统约翰·F.肯尼迪也曾经是其中一员。俱乐部里不仅有可以举办各类聚会

大村智与科里教授（右一）、布洛赫教授（左一）的纪念合影（1993 年，摄于哈佛大学哈佛俱乐部）

的礼堂，还设有剧场，晚上会有学生们排练的话剧上演。

当天的晚餐十分融洽，大家相谈甚欢，几乎令人忘记这是同两位诺贝尔奖得主一起用餐。大村智聊到"北里研究所即将新成立生物机能研究所"时，科里盛赞，"这个名字太棒了，一定能引领研究所的未来"。但科里也指出，以创立时期的流行命名的研究所，比如像"核酸研究所""分子生物研究所"等，后来名字也有可能反而会成为限制研究所发展的因素。布洛赫也对科里的意见表示同感。学术发展日新月异，两位诺贝尔奖得主有感而发的意见，成为大村智终生难忘的回忆。

研究者有时也要承受不公待遇

在科学界，只有世界上首例发现或者最早完成理论构建才是最有价值的。不是世界第一就几乎没有任何意义。放眼国际，在研究领域，白热化竞争可谓家常便饭。

哈佛大学的某位教授，曾经向大村智提议共同进行乳胞素作用机制的研究。虽然当时大村智研究室已经开始了作用机制的研究，但是考虑到可以同哈佛大学的教授进行共同研究，大村智还是向对方数次寄送了研究样本。然而过了不久，那位教授却单独发表了研究成果。说是共同研究，但发表的论文里却并没有大村智等人的名字。气愤的大村智向那位教授寄去了质询理由的信件，而对方却主张"因为我的研究是用我自己合成的样本做出来的"。看后大村智更加气愤，在这个领域，没有研究者会认可这样的借口。毫无疑问，没有大村智寄去的样本，对方的研究是不可能成功的。

还有一次，某个美国研究员联系大村智，说自己要进行某项基础研究，乳胞素必不可少，希望大村智能寄给他一些试剂。既然是基础研究，又是同一领域的研究者，大村智就同意了对方的要求，寄送了样本。然而那位研究者却以此为研究基础去申请专利，而且该专利与大村智正在申请的专利几乎重合。大村智等人感觉就像背后挨了一闷棍一般。

类似的事情还有数次，对方甚至是国际著名学者——其中就有普林斯顿大学的某位教授。大村智曾与对方分享自己的设想：如果使用大村智发现的物质进行某实验的话，有可能会产生某种结果。在经过几次信件往来后双方决定进行共同研究，大村智就给对方寄去了化学物质的样本。实验也顺利得出了大村智预测的结果。于是双方决定向著名科学学术杂志《自然》投稿，对方将论文校样发了过来。当时校样上大村智的名字在共同作者之中，然而杂志出版后，大村智的名字却从论文里消失了。大村智向对方发去了"这种做法太过分了"的抗议。而对方却推脱给博士后，"是我的一位博士后背着我这么做的，我本人并不知情"。这种事情不管是谁都会觉得说不过去，这种诡辩也完全不合常理。

能力和业绩得到了国际性认可的大村智，作为研究者的影响力越来越大，或许是出于担心自己的名字被大村智的光环掩盖的心理作祟，所以对方才不愿意将大村智的名字列入共同作者吧。

中国学生们的积极求知

大村智进行的国际学术交流主题多样，横跨微生物学、生物化学、有机化学、分子生物学等诸多领域，与走在各领域前沿的欧美研究机构、大学的交流日益增加。与此同时，1981 年起，大村智还展开了同中国的学术交流，由此，北里研究所的中国留学生开始多了起来。

留学生们的日常生活起居都在北里研究所宿舍里，因此过新年时的伙食如何解决成为困扰大家的一个难题。那时的日本，一到新年期间，所有的店家都会歇业庆祝新春，没有地方能购买食材。于是大村智的妻子文子便做了很多年节菜，和快两升的大瓶日本酒一起裹进包袱里，两手抱着带去宿舍给大家。留学生们都把文子当作妈妈一样，多年以后依然不曾忘记向文子表达感激之情。

大村智与中国结缘的契机是来自时任中国医学科学院副院长沈其震的邀请。从那之后，大村智与中国展开了频繁的学术交流与美术交流。

当时大村智受邀在中国待了两周时间，期间就"抗生

大村智在中国沈阳药学院的日语班讲课（1983 年）

物质的研究"这一主题，在中国医学科学院做了五次讲座、在上海医药工业研究院做了一次讲座。每次讲座后的答疑讨论环节都非常热烈，甚至会持续两到三个小时之久。研究员们高涨的热情让大村智十分惊叹。

中国方面非常希望引入这个领域的先进知识，开展新的学术研究。大村智也切实感受到了中国方面热切的希望。

大村智研究室和北京抗菌素研究所的交流就这样开始了。随后，大村智研究室与沈阳药学院（现沈阳药科大学）、华北制药研究所也开展了交流活动。

这些活动得到了中国方面的高度评价，大村智被以中国医学科学院为首的多所大学及研究机构授予名誉教授或客座教授的称号。2005 年，大村智还当选了中国权威学术机构之一，中国工程院的外籍院士。

通过美术交流与"两位王姓大师"结缘

在与中国的交流活动中，大村智印象最深的莫过于与王森然、王济夫这两位"王姓大师"的交流了。

虽然王森然已于 1984 年仙逝，但大村智却通过王森然的美术及书法作品结识了这位伟大的大师。

王森然不仅是现代中国杰出的教育家、思想家，同时也是作家、艺术家。从小学教师一直到大学教授，王森然将一生奉献给教育事业，他的很多学生都成为了中国各个领域的领军人物。王森然不仅在教育事业建树颇多，还留下了大量的著作和绘画作品。

王森然纪念馆藏书这样评价王森然晚年的书画作品："通过反复推敲、凭借经过岁月砥砺的灵魂、热血、内心，将对世界的态度、对生活的感受凝聚在有限的纸墨空间内，内涵深远丰富"。

即便在"文化大革命"时期，王森然依然不惧逆境坚持作画。他生活非常简朴，自有一股泰然自若的气度，接触过他的人都会不由自主被他的人格魅力所吸引。大村智也自然而然地被这位充满魅力的大师所深深折服。

在王森然的作品中，大村智最为热爱的是那些凝结了中国传统艺术精髓的水墨画作品。

而与王济夫的相识，则是在1996年，王济夫作为中国代表团团长，出席伊豆高原美术馆举办的"王森然书画展"开幕式的时候。大村智在开幕式上与王济夫握了手。

王济夫曾担任中国文化部副部长、中国少数民族文化艺术基金会会长，以及相当于日本国会议员的中国人大代表等职务，同时也是当代中国的著名书法家。

开幕式结束后，王济夫前去埼玉县北本市新建的北里大学医疗中心医院参观，院方专门为他举行了欢迎会。

"北里研究所虽然只是一个规模很小的法人团体，但是我们继承创始人北里柴三郎先生的遗志，努力发展研究事业。"大村智向王济夫介绍北里研究所的主要研究项目和内容。

王济夫则引用中国古典文学中"山不在高，有仙则名"这一典故，表示事业的价值不在于其规模大小，而是由从业者的态度决定的。王济夫一席话引古喻今，宾主尽兴，现场气氛十分活跃。王济夫尊重他人的态度和随机应变妙语横生的临场反应令大村智大为叹服，二人意气相投相谈甚欢。

1997年5月，国际放线菌学会在北京举办，大村智召集曾在他研究室留学的中国学生齐聚北京某饭店，还邀请王济夫参加，并将留学生们引荐给王济夫。

王济夫在现场发表了鼓励年轻中国学生的致辞，其风度依然令大村智大为折服。

大村智与王济夫告别之前，向王济夫承诺，自己和北里研究所会竭力扶持中国王森然学术研究会的发展。

大村智研究室发现的举世瞩目的化学物质

说到大村智的成就，由于诺贝尔生理学·医学奖的光环，人们往往只关注使他获奖的成就，也就是他研制的治疗河盲症的特效药。然而在化学研究领域，大村智也做出了很多引领世界的成绩。

或许在不久的将来，这些成绩能够给大村智再度带来一座诺贝尔化学奖的奖杯。到目前为止，只有四位得主曾两度荣获诺贝尔奖，如果大村智能够成为第五位的话，将是无上的殊荣。

大村智在化学研究领域中，最有代表性的重大成就，就是浅蓝菌素、乳胞素和星形孢菌素。

这三种物质都是土壤中的微生物生成的化学物质，大村智是世界上发现它们的第一人。直到今天，这些物质依然被广泛应用在探寻生命现象的研究中。

星形孢菌素的发现

星形孢菌素是大村智于 1977 年 11 月，在秦藤树的指导下发现的物质。当时，由于新化学物质的探索一直没有结果，整个研究室都笼罩着沉闷的气氛。而星形孢菌素就是在这样的氛围下，在学生的研究课题的一系列实践中被发现的。

九年后的 1986 年，协和发酵公司的研究小组发表了研究成果，"星形孢菌素是蛋白激酶 C 的抑制剂"。蛋白激酶是催化蛋白质磷酸化过程的酶。其中，依赖钙离子进行反应的蛋白激酶就叫作蛋白激酶 C。

蛋白激酶是由神户大学校长西冢泰美发现的酶，据预测，此项成就将为西冢带来诺贝尔生理学·医学奖的荣誉，但最终西冢无缘此项殊荣，他于 2004 年 11 月 4 日辞世，享年 72 岁。

细胞为了维持自身的各项机能，在细胞内重复进行着蛋白质磷酸化或者去磷酸化的过程。通过磷酸化，蛋白质被酶激活，转化为其他形态的蛋白质。

细胞内的蛋白质约有 30% 会受到激酶的影响发生变化，发挥细胞信号传导和代谢调节因子的作用。人体基因组中约有 500 个编码蛋白激酶的基因，占动植物核基因组的 2%。

蛋白激酶 C 具有如此重要的作用，而发现了能够抑制它的物质后，研究工作开始朝着无法预测的方向发展。各种各样的诱导剂被制作出来，甚至作为抗癌剂被应用在临床试验中。

大村智研究室也对星形孢菌素的活性进行了检测，发现它是能够抑制多种催化蛋白质磷酸化的激酶。于是星形孢菌素作为检测细胞内化学反应的试剂，在研究的第一线得到了广泛应用。

比如神经细胞发挥功能时，一定会有信号进入细胞，这个过程就叫作信号传导。在细胞信号传导的相关研究中，星形孢菌素是最常用的试剂。

1993 年大村智研究室统计了题目中提及星形孢菌素的论文的数量。通常当研究成果作为论文发表后，评价该论文在国际上的影响力时，一般使用的指标是该论文被其他论文引用的次数或者频度。

只要统计一下有多少论文或者研究使用了大村智发现的化合物，就能够知道其影响力如何。实际上，1993 年一年时间之内共有 624 篇论文中出现了星形孢菌素的名字。

通过统计从 1991 年至 2000 年间使用大村智研究室发现的物质进行研究并发表论文的数量后发现，在 10 年内共有 214 篇论文提及了浅蓝菌素。而涉及星形孢菌素的论文，从其被发现的 1978 年到 2014 年为止，数量多达 13162 篇。星形孢菌素甚至被称为世界上最畅销的试剂。

由于大村智研究室持有其专利，随着星形孢菌素的广泛应用，专利使用费的收益不断增加，研究经费也日益丰厚。

获得"微生物代谢之王"称号

1994年10月，大村智出席在瑞士召开的国际微生物二次代谢研讨会时，大量世界各地的研究者都对大村智研究室发现的各种化学物质及其相关研究给予了极高的评价，令大村智难以忘怀。另一方面，深切认识到国际上研究发展变化速度之快的大村智也开始反思，大村智研究室如果不做出改变就无法在国际竞争中站稳脚跟。

参加此次会议，大村智最大的感触就是报告内容的主题越来越广泛，这给大村智带来了极大的冲击。会上，一直占据主流地位的研究课题相关的报告很少，而如何利用高级分析技术和昂贵的仪器提高分离二次代谢产物的效率成为最受关注的课题。

尤其是欧洲的大学开始进行的大规模研究给大村智留下了极深的印象。欧美学界已经将研究重点转移到发现代谢产物上，如同大型捕捞船一般竭尽所能的网罗搜索代谢产物。得知欧美学界现状后，内心触动之余，大村智意识到已经必须要开始改革大村智研究室的研究体制了。

在参加研讨会的研究者的报告中，有很多与七尾霉素、伊维菌素、星形孢菌素、阿苏克霉素等有关，而这些物质都是由大村智研究室发现的微生物生成的新物质。大村智在特邀主题演讲中披露了与胆固醇相关的新物质的发现，他受到的关注度越来越高。

华盛顿大学的海因茨教授说出"大村智教授简直是微生物代谢产物之王（Prof. Omura is more than a King of microbial metabotites.）"这句话时，大村智深受感动。能够获得如此盛赞，是所有项目相关人员共同努力的结果。大村智对此心怀感激，心想回国后一定要同他们分享这个好消息。

在国际上接连获得荣誉

由于成果出众，大村智几乎将国际上所有学会的荣誉奖章都揽入怀中。其中最具代表性的有：

美国微生物学会 Hoechst-Roussel 奖、日本药学会奖、上原奖、日本学士院奖、藤原奖、日本政府紫绶带奖章、泰国玛希隆王子奖、德国罗伯特·科赫科学奖、美国化学会与日本化学会共设的中西奖、美国化学会欧内斯特·冈瑟奖、国际化学疗法学会梅泽滨夫纪念奖、四面体奖、国际微生物学会联合会（IUMS）Arima 奖以及法国荣誉军团勋章、加拿大盖尔德纳国际奖等。

同时，大村智还是英国皇家化学学会、美国生物化学与分子生物学会等组织的名誉会员，还被选为以日本学士院为首，美国、德国、法国、俄罗斯、比利时、中国等国的权威科学院的院士。最终大村智所有成就的集大成，就是荣获诺贝尔奖。

北里研究所与科赫研究所

本书第二章已经介绍过，北里研究所的创始人北里柴三郎曾在德国柏林大学的细菌学家罗伯特·科赫的研究室留学，并取得了名震世界医学界的成就。北里柴三郎归国后依然将恩师科赫当作终生的导师，始终怀着敬慕之情。

1908 年，恩师科赫在夫人的陪伴下来访日本，住了70 多天。期间，北里柴三郎陪同二人游览了日本三景① 等各地名胜。科赫夫妇还穿着日本和服拍了纪念照，这张照片现在展示在位于东京都港区白金的北里柴三郎纪念馆里。

从日本回国两年后的 1910 年，科赫与世长辞。北里柴三郎在传染病研究所内为科赫设立了祠堂，还举行了科赫追悼会。后来，科赫的祠堂被迁至北里研究所内。

---

① 译者注：日本三景即日本最有代表性的三大景点，分别是宫城县的松岛、京都府的天桥立以及广岛县的严岛。

站在科赫·北里神社前的大村智（摄于北本市北里大学医疗中心）

北里柴三郎去世后，研究所内也设立了北里祠，后来北里祠在战争中毁于火灾，所内便将两座祠堂合二为一，建造了科赫·北里神社。

5月27日是科赫忌辰，北里研究所和北里大学每年都会按照惯例，在白金校区和北本校区的科赫·北里神社举行祭拜仪式并供奉鲜花。

大村智与科赫研究室跨越百年的交流

1991年7月，大村智受邀出席罗伯特·科赫研究所建立100周年纪念庆典，并发表了演讲。科赫研究所对于大村智研究微生物生成的化学物质所取得的成就给予了高度肯定，并向大村智发来特别演讲的邀约。1994 年 11 月，大村智被选为科赫研究所名誉会员。之后，罗伯特·科赫研究所与北里研究所开始共同举办研讨会。1997 年 11 月，大村智获得罗伯特·科赫基金会颁发的奖章（德国医学领域最高级别的国际奖项），并且在之前的 1992 年 11 月当选德国利奥波第那科学院的外籍院士。

出席德国波恩大学举行的罗伯特·科赫奖章颁奖仪式的大村智，在仪式开始前出席了记者会，参会记者有 14 名。现场有如此多的记者参与，并且还设有专门的记者会会场，甚至连德国劳动部长都出席了颁奖仪式，足以见得该奖项的分量之重，亲历现场的大村智也不由得大吃一惊。感受着仪式程序和现场氛围，能够获得此项殊荣，大村智内心不禁感激万分。

记者会上，首先由罗伯特·科赫科学奖的得主、法国巴斯德研究所教授菲利普·圣索内蒂就其获奖理由痢疾杆菌毒素研究与疫苗研发发表了讲话。随后，大村智选择了研究室发现的 295 种微生物生成的新化学物质中的星形孢菌素、乳胞素、伊维菌素，就他们的发现过程以及作用发表了讲话。

星形孢菌素是抑制细胞信号传导的物质，乳胞素是诱导神经芽细胞突起伸展的物质，伊维菌素是强效的抗寄生虫物质，大村智用简明易懂的方式概括说明了这三种化学物质的性质及作用。

与会记者们提了很多问题，比如"能对痢疾杆菌起效的抗生素是什么""乳胞素能够作为免疫抑制剂使用吗""星形孢菌素能够用作抗癌剂吗""你是使用指定的微生物来探索新物质的吗"等。

其中，针对"能对痢疾杆菌起效的抗生素是什么"这一问题，大村智特别要求发言。痢疾杆菌是北里研究所的前辈志贺洁于1898年发现的物质，因此大村智对此有着特别强烈的感情。1886年，志贺从帝国大学医科大学（后来的东京帝国大学医学部）毕业，进入传染病研究所，师从北里柴三郎。入所后的第二年，1887年，志贺就发现了痢疾杆菌，并在《细菌学》杂志上发表了日文论文。次年1888年，该论文的德文摘要版论文的发表使得外国人也能够了解到志贺的研究成果。因此，志贺的成果得到了国际上的认可，痢疾杆菌的菌属名字志贺氏菌属（Shigella）便是得名于此。这也是唯一一例用日本人名字命名的重要病原菌。

大村智讲述的志贺的研究成果也引起了记者们的强烈兴趣，大家都惊叹于圣索内蒂教授的研究对象和北里研究所的大村智之间神奇的缘分。

罗伯特·科赫奖章
颁奖仪式上被记者包围
的大村智（1997 年）

颁奖仪式上大村智感慨万千

颁奖仪式的演讲中，科赫、路易·巴斯德、北里柴三
郎等百年前先驱的名字接连出现。

这使得大村智再度认识到 100 年前就已经获得欧洲学
者认可的北里柴三郎的伟大之处。

颁奖仪式在莫扎特的三重奏的伴奏下拉开了帷幕。获
奖者的圣索内蒂和大村智接过奖章和证书，大村智以"发现
有特异构造和生物活性的微生物代谢产物"为题做了简短

的演讲。最后，依然是在莫扎特的乐曲声中，仪式落下了
帷幕。

整个仪式的过程也令大村智大为感慨，完全没有千篇
一律的日本式仪式程序惯有的沉闷和墨守成规，仪式以音乐
开场同样在音乐中结束，既优雅又洒脱。

荣获卫斯理安大学名誉博士称号

正如师生情深的科赫与柴三郎一般，大村智与卫斯理
安大学的帝施勒教授之间也结下了深厚的师生情谊。就连帝
施勒的夫人贝蒂也在大村智进修期间就与大村智夫妇建立了
家人般的感情。

帝施勒于 1989 年 3 月与世长辞。就在大村智悲痛不已
之时，来自卫斯理安大学的一则突如其来的通知又让大村智
十分惊讶。通知称，传统名校卫斯理安大学将授予大村智名
誉理学博士称号。

1994 年 5 月 27 日。大村智夫妇动身前往充满了回忆的
康涅狄格州米德尔敦市。到达卫斯理安大学时，校园里的山
茱萸花已经快要凋谢了。

夫妻二人一踏进青草环绕的校园，20 年前的那些往事
与回忆立刻一一浮现在眼前。前去大学事务所与负责人员沟
通了仪式相关事宜后，二人便即刻赶到帝施勒夫人家，大村

智夫妇在帝施勒夫人家留宿了三天。

尽管帝施勒的夫人贝蒂已是 84 岁高龄，但许久不见的双方见了面后依然像家人般亲切熟悉。从大村智家人的情况到大村智夫妇的身体状况，贝蒂夫人迫不及待的想要了解二人的近况，而大村智夫妇也感觉像回到了自己家一般亲切放松，三个人一直畅谈到深夜。

第二天早餐后，贝蒂让大村智先在自己面前演练一遍学位授予仪式上要做的致辞。致辞中，大村智说了这样一句

大村智在卫斯理安大学
名誉理学博士称号授予仪式
上发表演讲（1994 年）

话，"for granting such a precious opportunity to me（给我一个如此宝贵的机会）"。贝蒂立刻拿出了厚重的兰登书屋辞典，一番查阅后，建议大村智将"precious"换成"prestigious"。大村智在感谢 84 岁高龄的贝蒂充满人生智慧的指导的同时，也意识到贝蒂依然身体健康是多么值得庆幸的一件事。

大学友人举办的庆祝会

学位授予仪式当天，晴空万里，仪式在绿草葱翠的运动场上举行。大村智在校长室换上了礼服，头戴四角帽身披长袍，在古老的校园回响的钟声里，走向运动场对面的小丘与大家汇合。

吹奏乐团的演奏开始后，身披红色长袍头戴礼帽的大学本科毕业生们一个接一个走下小丘，迈向运动场。

仪式开始后，人们就立刻停止了交谈，会场顿时安静下来。校长简短致辞后，仪式正式开始，首先进行的是学位颁发。随后，校长和学生代表发表讲话，最后，在吹奏乐团的伴奏下，大家齐唱卫斯理安大学校歌，在歌声中结束了学位授予仪式。

这是大村智人生中最难忘的一场学位授予仪式。

授予仪式当天中午，大村智的朋友们提前为他举办了庆贺午餐会，会场气氛热烈，有 30 多人到场祝贺大村智荣获名誉博士。

晚上七点，大村智携文子受邀出席了校长举办的鸡尾酒会和晚餐会。在会场上，文子身着会客和服，特别的款式和色彩吸引了在场所有嘉宾的目光。开场的欢迎式环节对四位荣获名誉学位称号的嘉宾进行了介绍，大村智夫妇起身向来宾鞠躬致意后，会场掌声雷鸣经久不息，为了回应大家的热情，大村智夫妇只得再次起身鞠躬致敬，如此重复了好几次。

大村智这样回忆道，"我们感受到了之前在外国从未感受过的衷心的祝福，大家发自内心地欢迎我们成为这所大学的一员。我从未像此刻这样强烈的感受到卫斯理安大学的人们的亲切与温暖"。

大村智研究室发现的物质凑齐了从 A 到 Z 一整个字母表

到目前为止，大村智研究室发现的化合物接近 500 种，其中 26 种作为药物、动物用药以及研究试剂，得到了广泛应用。很多物质都是医学、药学、化学等领域的基础研究中的常用试剂。

每当有新的微生物被发现时，发现人都会拥有其命名权。斟酌名字的过程是研究者再次确认自己研究成果的过程，同时研究者本人也会获得极大满足。大村智在从自己住处附近的世田谷区濑田采集的土壤样本中发现微生物时，便以北里研究所和濑田为灵感，给该微生物起名为"白丝北里孢菌（Kitasatospora setae）"。

白丝北里孢菌生成的物质则被命名为世田霉素（Setamycin）。大村智研究室的高桥洋子将北里孢菌属（Kitasatosporia）作为新属发表后，该属的各种放线菌被不断发现，并且这些菌种可以生成多种化合物。

细胞内存在可以分解蛋白质的溶酶体，要对其分解蛋白质进行控制，就需要调节 PH（氢离子浓度指数），而世田霉素可以有选择的对调节 PH 的蛋白质进行抑制。因此，世田霉素被作为重要的实验试剂得到了大量应用。由于其名字来自大村智的住处所在地，大村智对该物质也是充满了感情。

渐渐地，每当发现新的微生物以及新的化学物质时，大家开始享受为其命名的乐趣。

在大村智 70 寿诞的庆祝会上，从英国赶来的霍普伍德在演讲中提到了一个有趣的想法：把大村智研究室发现并命名的物质按首字母从 A 到 Z 的顺序排起来的话，"再发现几个物质，应该就能凑齐一整个字母表了吧"。

在此之前，大村智等人并没有注意到这一点。之后，在起名时便有意识地用首字母填补空缺了。在完成了对化学物质"wickerol"的命名后，大村智研究室发现的物质便凑齐了一整个字母表。

第五章 ——

独立核算制与新医院的建设

突如其来的研究室撤销令

从 1975 年升任教授以后一直到第二年，大村智一边受邀去国外在各种学会、研讨会上进行演讲，一边运营研究室，忙得焦头烂额。然而，在一个炎热的夏日，大村智突然被北里研究所的研究部长叫去谈话，被告知了以下内容：

"北里研究所现在的财政状况非常不乐观，已经连大村智研究室的研究员们的工资都无法支付了。我们打算撤掉大村智研究室，这是根据研究室理事会的意思决定的。以后就请大村智教授在药学部的研究室做研究吧，再怎么说您一个人也没有必要设置两处研究室。请您赶紧安排下您研究室里的研究员们的出路吧。"

这消息犹如晴天霹雳，大村智立即表示了强烈反对。北里研究所内的大村智研究室正是他从当年的所长秦藤树手中接管过来的。大村智不同意如此轻易的撤销这样一个声名显赫成果累累的研究室。"研究室做出了很多成绩，没有撤销的理由。但是既然理事会已经这么决定了，那也没办法。请给我一点时间，让我考虑一下今后的发展方式"，大村智向理事会表达了自己的意见，并请理事会暂缓撤销事宜。

大村智做不到将研究室的工作人员轻易遣散，每天不眠不休的思考今后该如何维持研究室。最终，大村智提出了以下两个条件，开始了同理事会的交涉。第一，大村智研究室的研究员以及博士后们的工资和研究所需的各类经费，均由大村智引进的校外经费支付。第二，向北里研究所支付大村智引进的校外经费的 12% 作为管理费。

美国的研究者都是用这种方式运营自己的研究室的，大村智也打算试试用这种方法运营自己的研究室。而在当时的日本，还几乎没有大学教授采用这种方式运营自己的研究室。大村智研究室发现了很多大有用途的微生物，当时与大村智研究室进行校企合作的企业不仅有美国的默克公司，还有协和发酵、旭化成、山之内制药、札幌啤酒、三得利等多家公司，大村智研究室每年获取的研究费总计可达 8000 万日元。可以说，在当时的日本，大村智研究室是第一例积极进行校企合作的研究室。而大村智向理事会提出的条件，就是每年将 8000 万日元研究费的 12%，也就是将 960 万日元作为管理费，支付给北里研究所。

采用独立核算制运营研究室

就这样，大村智开始站在经营者的立场思考问题，处理销售额和必须经费等财务报表，而只有健全完善的经营体制才能保障研究工作的顺利开展。通过与企业合作研究而导入的研究经费，是大村智研究室的全部收入来源。而支出的费用中，最主要的部分是研究员们的工资，同时实验所需的经费也为数不小。

说是校企合作，但大村智研究室并不是企业的附属。如果为了同企业合作而失去学术研究的创造性与自由的话，那就失去在大学里进行研究的意义了。在研究中发现新知识，获得学术界认可的同时，也将其应用在实际生活中造福社会，这才是大村智的目标。

取得研究成果后，在申请专利保障自身权益的基础上，将其提供给企业使用，从企业收取专利使用费。这样的合作方式，不仅能保障企业和研究室双方的权益，同时也能实现互利互惠。从那之后，大村智开始思考如何"运营研究"。

首先，必须要有被广泛认可的研究成果，否则对企业来说就没有合作的价值，也就无法从外部引入研究经费。

同时，如果研究效率过低则会引起收支不平衡，最终导致研究室破产。而要克服这些难题，就必须提高研究员的

能力。因此，大村智非常重视人才培养，将培养不论去哪里
都能独当一面的优秀人才作为目标。

睡梦中也不忘经营重担

　　北里研究所理事会根据大村智提出的研究室运营方案
起草了合同，双方签字后，大村智研究室终于得以保留。此
后，从校外引入的研究费成为大村智研究室的唯一经费来
源，大村智肩负的责任更加重大，承受的压力也愈发沉重。

　　除了保证研究室的职员和博士后们的工资开销，还要
购买研究必须的试剂、器械、材料、道具等，大村智几乎无
时无刻不在忧心研究室的运营情况。

　　有一天，大村智梦见研究室所有的工作人员都在玩
闹，大村智问他们，"你们为什么不工作！"研究员们却回
答，"没钱买试剂了"。急得大村智一下醒了过来。清醒后
的大村智这才想起来，研究室里已经储备了足够三年使用的
试剂。

　　大村智喜欢的语录里，有一句是巴斯德的名言，"机遇
只偏爱有准备的头脑"。未来充满了不确定因素，常备不懈
方能抓住良机。在这句话的指导下，大村智开始了自己经营
研究室这一新的挑战。

担任北里研究所监事

1981 年 4 月 1 日，大村智成为了北里研究所的监事。大村智认为，既然监事的职责是监察研究所经营状况，那么他就不能只做一个空有其名的监事。彼时的北里研究所财政拮据捉襟见肘，对此了然于心的大村智决定彻查研究所的经营状况，思考如何重建研究所的运营体制。不管是什么事情，只要大村智决定要做，就会全力以赴，绝不半途而废。从担任监事的那一刻起，大村智就下定决心要从经营研究活动的角度出发，履行监事应尽的职责。

监事需要参加理事会，大村智前两次都只是安静的听取其他理事的报告和发言，然而不管是会议的议事程序还是大家的发言内容都不过是敷衍了事。至于谁是负责人，而谁又是实际运营的操作人，大村智完全是一头雾水。负责行政工作的职员告诉大村智，之前的监事们都只是走个形式就按照要求盖章了。大村智觉得不能这样下去，但是自己既没有财务方面的知识，也不懂经营学，就算想发表意见，连财务相关的基础知识都没有的话，提出的意见也没有任何说服力。

因此，大村智购买了大量与经营、财务相关的书籍，一本接一本的研读起来。在研读过程中，大村智的疑问一个接一个的出现，而为了寻求答案，大村智便接着购买新的书籍继续研究，到最后，大村智总共研读了 100 多本相关书籍。专注力过人的大村智一旦开始行动就会全力以赴，后来，大村智这样形容那段日子，"连我自己都觉得那时候是真的拼尽全力了。"

有一天，大村智对妻子文子说自己想学经营学，问文子认不认识能够教他经营学知识的人。文子的恩师介绍了经营学专家井上隆司。井上不仅出版了大量面向一般读者的税务知识书籍，还是各大电视台争相邀请出演的有名专家，相当受欢迎。

大村智每个月跟井上在宾馆的餐厅进行一次学习讨论会，彻底学习了从资产负债表到各类财务表格的解读方法。在那之后，大村智翻看研究所的财务报表时，发现北里研究所的经营状况居然已经到了岌岌可危的地步了。然而在研究所里，除了负责财务的理事之外，谁也没有注意到这一点。

北里研究所一共有两位监事。另外一位监事是担任日本兴业银行副总裁的金融界人士。大村智向他说明研究所的经营状况并寻求建议时，他认真的听了大村智的烦恼，推心置腹地向大村智讲述了企业经营的难处。

大村智听了他的话后，更加确信如果继续这么敷衍塞责的经营，北里研究所迟早会面临破产的危机。大村智认为，既然自己担任了监事，就必须完全站在经营者的立场上思考问题。他暗暗在心里下定决心，绝不会因为自己本职是做研究的，就抱着应付的态度对待经营活动，放松对自己的要求。

经过对财务报表仔细的分析调查之后，大村智发现，北里研究所的借款数额远远超过金融资产数额。也就是说，欠款要远多于存款。研究所的重要收入来源——疫苗的销售收入也都作为运营资金投入了北里学园，并且大村智还注意到研究所通过增加疫苗的库存来营造盈利的表象。每年召开的社员总会公布的经营状态都是盈余，但其实是将库存也算进了资产内，去除这部分后，实际上是亏损状态。

为了让北里大学的母体学校法人北里学园的运营早日步入正轨，研究所将土地和资产都转移到了北里学园名下，甚至连培养的人才也都转移到北里大学去了。过去的财务状况一直处在研究所无条件将所有的资源都投入北里大学的状态里。大村智认为这样子是行不通的，北里大学固然重要，但如果为此而拖垮北里柴三郎创立的具有深厚传统的北里研究所，就得不偿失了。

在理事会上，大村智指出了北里研究所在经营方针上的错误。当时的大村智是理事中最年轻的一位，听了大村智的发言，也有理事当即面露不悦。甚至有一位理事怒形于色，愤然踢开座椅径直离开了会场，而这位理事就是管理疫苗事宜的负责人。对于北里研究所来说，疫苗业务是摇钱树一般的存在，明明有这棵摇钱树支撑着北里研究所，大村智所谓的经营不善在理事眼里完全是无稽之谈。但实际上，这位理事其实并不懂得任何经营的相关知识。

大村智计算了各个产品的生产成本后发现，有大量成本 100 日元的产品却被以 40 日元左右的价格卖了出去。那位理事得知这一实情后，不禁大吃一惊，从此成了最坚定的大村智拥护者。

大村智首先提议停止研究所针对大学的资金投入，并说服理事们，通过自身的努力改善研究所的经营状态。

大村智在调查财务状况的过程中发现，最严重的问题是北里研究所医院的常年亏损。大村智知道经营医院本来就不是一件容易的事，各家医院都不好过，但却没想到北里研究所医院的情况如此严重。此后，大村智苦苦思索医院经营方案的日夜渐渐多了起来。

升任副所长后辞去药学部教授职务

1984 年 5 月，做了三年监事的大村智升任北里研究所理事、副所长。时任所长水之江公英很欣赏大村智的才干，提拔大村智做自己的左膀右臂。此后，水之江与大村智配合默契，搭档解决了大量问题，为改善北里研究所的经营状况作出了巨大贡献。

2007 年 11 月 8 日，93 岁高龄的水之江与世长辞。水之江的女儿对大村智说了这样一番话："父亲总是说，他自己对研究所没做什么大事，自己最大的贡献就是提拔了大村智，并将大村智扶持到了所长的位子上。"

听到这番话，大村智感到胸口涌上一股暖流。正是因为有水之江的支持，自己才得以顺利施展拳脚，大村智一直对此心怀感激，而水之江的话语更是让大村智感到发自内心的喜悦。

从水之江所长那里收到升任副所长的内部指示后，大村智就开始考虑辞去药学部教授职务一事了。在大村智看来，不能占着药学部教授的席位，将其当作研究所的工作进展不顺利时的退路。只有自绝后路，让自己全身心投入到研究所的经营改革中去，也让相关人员都感受到自己的决心才行。大村智要向研究所的所有工作人员传达这样的信息：我跟大家同坐一条船，研究所破产的话我的饭碗也保不住，大家一起拼命干吧。相比于做一名大学教授，完成北里研究所的运营体制改革能够为社会作出更大的贡献，大村智对此坚信不疑。

大村智将自己的决心告诉妻子文子后，遭到了文子的强烈反对。然而，当大村智对文子述说了自己的想法以及无论如何也要完成这项任务的决心后，文子最终决定支持大村智的信念。

于是，大村智从经营活动的"监察员"成为了实施经营活动的理事、副所长。大村智首先进行的就是经营合理化改革，改善位于芝白金的医院常年亏损的状态，并将疫苗生产部门的人员缩减至三分之二等。

　　各种问题层出不穷。要想一边解决问题，一边将医院的经营推上正轨，院长这一指挥塔的支持至关重要。因此，大村智认为应该发掘有切实管理医院能力的人才，使其发挥领导管理医院的作用是当前的重中之重，于是他向理事会提出了院长改选的建议。

　　大村智与理事们就院长人选进行讨论后，决定由时任外科部长的河村荣二担任院长。理由之一便是河村曾经作为喀喇昆仑山脉登山队队长率领队员成功登顶。

　　河村出任院长后，做的第一件事就是每天第一个来到医院巡视院内各处。院长身先士卒的态度立刻感染了医院的医生、护士、行政人员，医院里的气氛焕然一新。杜绝浪费、提高工作效率，财务状况得到了明显的改善，扭转了持续多年的赤字状态，医院经营终于重返正轨。亲眼见证了合适的人选给经营状态带来的巨大改变，大村智更加确信自己的想法是正确的。

引入专利使用费改善经营状况

　　在改善研究所经营状况的过程中，最重要的资金就是从默克公司收取的专利使用费。当时，制造业是日本经济的中心，发展势头强劲，工业生产的各项指标都开始超越美国，在技术层面更是全方位赶超美国。

默克公司支付的专利使用费是用美元结算的，因此受汇率影响，进账的资金增减幅度极大。没有汇率变化的话，北里研究所每年可以收到高达40亿日元的专利使用费，然而随着日元连年升值，有段时间研究所进账的资金甚至缩减到只有原本的三分之一。即便如此，平均下来，每年默克公司支付给北里研究所的专利费也差不多有16亿日元。北里研究所的财务状况开始渐渐好转。在大村智的带领下，所里开始减少浪费，一改过去马马虎虎大手大脚的财政支出习惯。

通过调查从1981年大村智担任监事开始到2003年辞去所长职务为止北里研究所的负债、金融资产以及专利使用费收益可以发现，1988年开始的十年时间里，专利使用费的收益始终维持在每年15亿日元左右。仅此一项就带给了北里研究所将近150亿日元的收入。而曾经一度高达100亿日元的负债也逐渐减少，到2000年前后，研究所的负债已经清零了。

北里研究所医疗中心的建设

大村智在研究所的经营管理上发挥了惊人的才能后，紧接着开始的下一项工作就是建设新的医院。那天是1982

年 8 月 26 日。大村智向时任研究所所长的吉冈勇雄理事提交了《关于建设北里研究所新医院的提议》这一计划书。计划书的大致内容如下：

一、为重建北里研究所的事业，必须开发新的事业项目。当前，医院的经营状况已经步入正轨，因此，提议建设第二医院。

二、新医院建设完成后，规模为可容纳 300—500 张床位，并设置化学疗法研究所，以加强与北里大学医学部的合作。

三、第二医院的建设过程中，提高自有资本所占比例，促进经营的顺利发展以保障研究经费的充足。

四、医院建设资金的来源依据大村智同北里研究所的协议决定。

最后的第四项提到的建设资金的来源，就是说要让大村智等人挣回来的专利费回流。

在埼玉县北本市发现合适的医院用地

大村智开始寻找新医院的建设场所。东京都内不仅比较好的地段地价昂贵，而且医院也多如牛毛，因此，大村智认为新医院的选址应该设在东京近郊。大村智在千叶、琦玉、神奈川等多地寻觅良久，却始终没有发现合适的场所。

大村智的熟人在寻找建高尔夫球场的地方，便邀请大村智一同视察选址。载着大村智等人的直升机在埼玉县上空绕了一圈后，降落在北本市的一片牧草区。直到现在，大村智都清楚地记得直升机在螺旋桨刮起的强风中徐徐降落在碧浪汹涌的草地正中的情景。

该地区是政府部门出售的国有土地，原本是日本农林省（现在的农林水产省）所有，用来进行牧草研究。该地区不仅有广阔的草地，周边还有池塘和茂林。该政府转让土地的面积整体约 29 万平方米，生态环境十分完整。该地区位于埼玉县平坦地貌的正中央，湿地和丘陵的分布也恰到好处，可以享受到一年四季的不同景色。大村智立刻就爱上了这里，当即决定无论如何也要买下这块土地。然而，在这里建设医院的前提却是要首先获得埼玉县政府的同意。

当时的埼玉县知事①表示，只要当地的医师协会同意在这里建设医院，县政府就同意大村智的申请。知事虽然明知道当地有建设医院的需求，但是也知道医师协会对此持反对态度，因此将烫手山芋扔给了大村智。

大村智等人找到当地医师协会，请求协会同意在当地建设医院。果不其然，"建医院？说什么鬼话呢！"医师协会的态度极其冷淡。

---

① 译者注：知事是统辖和代表日本都道府县的长官，县知事相当于我国的省长。

大村智不太愿意提及当时和医师协会商谈的细节。不过根据其他参与者的回忆，当时众人被医师协会的人员劈头盖脸一顿臭骂，对方言语粗暴，如同黑社会暴力团伙一般。

大村智回忆起当时的困难情形，这样说道："当时不管对方说什么，我都忍了。然而商谈还是一点进展都没有，踏上回程的时候，有气无力地走在漆黑的夜路上，心情低落至极，我几乎就准备放弃了。"然而，妻子文子目睹丈夫的苦处，于心不忍伸出了援手。

通过签名运动使医师协会转变态度

文子前去拜访住在这个地区的熟人商讨对策。当地居民们都觉得，这个地区的确需要一家值得信赖的大医院。既然如此，不如发动大家一起进行抗议，如果打出反对在北本市建设医院的行为等同于侵犯人权、违反宪法的口号努力造势，支持者一定会增加，医师协会也无法继续置之不理。

就这样，以文子为首的几个人开始了签名运动。大家各自发动住在北本市附近的桶川、上尾、鸿巢、久喜等地的朋友熟人动员当地居民签名，支持者迅速增加。这场抗议活动完全出乎医师协会的意料，考虑到继续僵持下去会显得自身毫不讲理，居民们抗议的矛头一定会指向自身，医师协会针对医院建设的态度也开始渐渐软化。

在当地居民们抗议活动的影响下，医师协会不再坚持反对态度，但就算是同意了医院的建设，协会却依然不同意北里研究所规划的可以容纳 600 张床位的医院规模。经过艰难的交涉，大村智取得了协会的同意，随后县里也立刻表示支持。接下来终于要同负责土地转让的国家政府部门进行交涉了。

然而，就算已经进行到了这一步，大村智面前却又出现了新的拦路虎。得知北里研究所正在准备收购这块国有出让土地后，其他想将这块土地用作学校、研究所建设用地的大学也开始了收购行动。于是，大村智又一次展现出了他不屈不挠的斗志。

当时，负责日本国有财产的管理和出让的部门是大藏省，时任大藏大臣的竹下登收到了来自多方势力的动员和游说。竹下提出了将这块土地一分为二的折中方案，一半给北里研究所，另一半由其他大学分摊。然而，听了竹下的方案，大村智认为只拿到一半土地没有任何意义。有一次，大村智对负责出让土地的大藏省官员说了这样一番话。

"怎么能眼看着世界免疫学鼻祖北里研究所就这么萧条下去呢？这个研究所可是日本的国宝啊。我为保护北里研究所而做的一切，都是为了国家的将来。希望您们能够理解、支持我的信念。"

在大村智强烈的信念和坚持下，最终北里研究所成为了这块国有出让土地的唯一主人。出让决定下来后，大村智提起当时的心情，这样说道："顿时打从心底松了一口气，感觉自己守住了北里研究所。"回忆起当年的经过，大村智感慨万千，"从拿到土地到医院建成，总共花了四年时间。我有时候也会想，要是把当时那些精力用在研究上，说不定现在能取得更有价值的研究成果"。

建设"美术馆医院"

大村智提议建设新医院的时候是 1982 年 8 月，而北本市的新医院终于建成开始投入使用时已经是 1989 年 3 月了。这期间，大村智研究室不断发现了可以生成新的有用化学物质的微生物，并在国际性学术杂志上发表了成果论文。而与此同时，大村智还活跃在第一线，领导指挥医院建设，他决心建一座独一无二的医院。

医院一般室内设计都比较单调乏味，患者就一直无事可做地坐着等待就诊。东京白金区的北里研究所医院平均每天要接待 2200 位患者，每天都有这么多人前往医院，那么新医院如果同时担当起文化责任的话，应该也不会逊色于各地的"文化中心"。

大村智的头脑中出现了"美术馆医院"这个设想。大村智的灵感来自于在荷兰莱顿市出席国际研讨会的经历。当时，研讨会的晚宴设在美术馆内。参加晚宴的学者们端着啤酒杯或者葡萄酒杯，一边四处欣赏画作一边相谈甚欢。美术馆固然需要万籁俱寂的安静氛围，但像这样的用法大村智还是第一次体验。

大村智将新医院定位为"传播文化的医院"，打算建一座与其他专门的美术馆相比也毫不逊色的医院。医院建成后很快就会迎来21世纪，大村智认为，"科学技术固然重要，但21世纪更应该是注重心灵的时代"。至于医院作为医疗设施的功能性，大村智则全权交给白金地区的北里研究所医院的医生们负责，自己作为"患者代表"，站在患者的角度参与建筑计划的设计。

收集美术作品

大村智说，"出入医院的人每天可多达2000多人，所以我觉得医院也可以成为一个文化设施。从最开始设计的时候就考虑到了音响效果的问题，在医院里是能够举行音乐会的"。

因此，新医院还可以举行大众歌曲或者古典音乐的演奏会。没有门诊病人的周六下午，在医院入口的大厅里举行过好几次音乐会，很受当地居民和住院患者的欢迎。

大厅中央摆放着一台从琴行专门定制的高级钢琴。邀请一流的音乐家来演奏的话，廉价钢琴是达不到效果的。平常在诊疗开始前，这台高级钢琴还会自动奏乐。新医院正像大村智设想的那样，成为了一家充满文化气息的医院。

而建设"美术馆医院"最重要的问题，就是装饰在院内的美术品该如何解决了。研究所并没有太多资金可以用来购买美术画作，然而等到筹够购买画作的资金再推进计划又会错过良机。于是大村智等人策划了美术大赛，面向社会征集画作。比赛的主题是"人类赞歌大奖赛"，在宣传的时候就号召大家，"获奖作品以及入围作品都有相应的奖金，但在领取奖金的同时希望获奖者能够同意将作品捐给北里研究所"。而这一企划的灵感正是来源于大村智自身推行的强调校企合作的大村智式双赢关系。

这一策划得到了大家的一致支持。在同意将画作捐赠给北里研究所的前提下，通过比赛不仅可以征集到不同流派的画作，同时还可以通过这项活动让更多的人了解北里研究所，提高社会知名度。

美术比赛大获成功。1989 年 3 月举行的"第一届人类赞歌大奖赛"收到了来自日本全国各地 664 名参赛者的 1039 件作品。参赛作品的数量之多远超预料，大家都不由得吃了一惊。而负责评判作品的评委更是阵容豪华，云集了当时的美术名家。

比如，文化勋章获得者、日本艺术院会员西洋画名家森田茂，和光大学名誉教授、西洋画专家荻太郎，既是画家又是佛教美术研究家的著名美术评论家植村鹰千代，担任美

术记者已逾四十年的美术评论家泷悌三，以及北里研究所前
理事、麻布大学名誉教授斋藤保二等名人，大家齐聚一堂。

"有志者，事竟成"

大村智在筹备新医院的过程中，体验到了难得的人生
经历，收获了关于人生的新见解。那就是，只要是为了给社
会作贡献而全心全意努力做某件事，那么自然而然就会有很
多支持者出现。

最开始，大村智并没有预料到真的会有人捐赠美术作
品用来装饰医院。然而当他发出"能不能把这幅画挂在医院
里"的请求后，院方收到了大量优秀画作。

医院开业后，活跃在纽约的著名抽象画家冈田谦三的
夫人带来了自己保留的全部冈田作品。

冈田升入东京美术学校（现在的东京艺术大学）后，为
跟随藤田嗣治学习绘画而前往巴黎，之后回到日本短暂的待
了一段时间，48 岁的时候前往纽约后便将纽约作为活动据
点，一直到 1982 年去世都在美国进行创作活动。冈田将表
现日本式的色彩感觉与自然观的"幽玄"这一概念引入抽象
画，被称作"战后美国美术界的宠儿"。冈田在美国的知名
度要远高于在日本，纽约现代美术馆、古根海姆博物馆、费
城艺术博物馆、洛克菲勒财团等都收藏有他的作品。

大村智感慨，"为了社会、为了当地、为了医院患者们全心全意工作的话，提供帮助的人们自然而然就出现了。真的是有志者事竟成"。在医院的建设过程中，妻子文子在背后默默的支持也成为了支撑大村智的重要力量。

1989 年 3 月医院开业

在土地、建筑、职员等一无所有的状态下从零开始的医院建设，终于在 1989 年 3 月完成，于 3 月 29 日举行了开业典礼。医院为六层纯白色建筑，屋顶设有直升机停机坪，作为当地的重要医院，门诊、药房、病理分析、检查化验、护理科室以及管理、行政部门等应有部门科室一应俱全。医院所在地自然环境优越，土地广阔，也是当地的健康福利中心，设有餐厅、保育园、网球场、足球场、棒球场等设施。

医院建设资金主要来自伊维菌素等专利的使用费，然而一手促成伊维菌素的研究并默默支持大村智与默克公司进行校企合作的恩师帝施勒，却没来得及亲眼见证医院的落成，于开业典礼 11 天前的 3 月 18 日逝世。享年 83 岁。

大村智将悲痛之情埋在心底，参加了开业典礼的剪彩。北里研究所的创始人北里柴三郎终生追求"学以致用"的医疗理念，始终秉承奉献社会的信念，奋斗在从预防医学到临

位于琦玉县北本市的北里大学医疗中心。医院、护士宿舍、看护专门学校、生物制剂研究所等星罗棋布

床医学的第一线上。新医院的经营方针也将继承北里柴三郎的精神，全体员工斗志昂扬。

医院走廊的两边的墙壁上挂满了画作，每一幅都是极出色的美术作品。医院共收藏有超过 1600 幅作品，画作被保管在严格把控温度和湿度的保管库里。收藏的作品定期交替展出，平时展出的作品保持在 250 件到 300 件之间。就这样，"美术馆医院"诞生了。

市民们对"美术馆医院"的评价

提起医院展出的画作，大村智这样说道：

"也有人主张应该展出主题与医院相匹配的画作，但我觉得不应该拘泥于此。不能因为欣赏画作的群体是生病的患者就区别对待他们。而且展示的画作多种多样，一般市民也可以享受在其中寻找自己喜欢作品的乐趣。"

医院挂满画作后，职员们也渐渐地萌生了对美术的兴趣。比如"去办公室的时候，我都会特意经过挂着我喜欢的画的那条走廊""上次那个地方更换了装饰的画以后，氛围也不一样了呢"等，大胆表达出自己的见解的职员越来越多。

医院还设置了"意见箱"，信箱收到的意见中，关于画作的内容也愈发多了起来。

"我很喜欢外科门诊那里挂着的贝尔纳·卡特林的作品，以前就很想知道这位画家的名字，在医院发现他的作品的时候真的非常开心。"

"每天都会盯着《乌瓜静物》看，想着要是能摆在自己家里就好了。"

"没想到居然能在医院看到山本文彦先生这幅《〇七八记忆的领域》"，这是有人看到筑波大学名誉教授、二纪会常任理事、著名西洋画家山本文彦的作品后写下的感想。

　　日本画名家斋藤倭文绪的夫人保有很多斋藤的作品，并主动向医院捐赠了 12 幅，这些画作在医院的展览中大受欢迎。医院展出的画作有半数以上都是来自各界人士的捐赠。而医院所在地北本市周边并没有像样的美术馆，于是甚至有人为了欣赏画作专门前往医院。

培养护士的专科学校

　　随着医疗中心医院的运营步入正轨，有人提议在广阔的院区一角建一所护士专科学校。

　　创立北里研究所的北里柴三郎的办学理念就是"学以致用"。考虑到除了预防、治疗疾病，设身处地看护病人的精神也必不可少，因此，所里决定建设护士专科学校。

　　学校设计同样导入了艺术疗法的概念，学校内部展示着很多绘画、书法作品，仿佛是开设在美术馆里的教室。

　　同时，校内专门将一间大厅作为王森然纪念馆，展示着王森然的家属捐赠的名作。

第六章 —— 磨炼自我、培育人才

开设研讨会作为升任教授的纪念

　　大村智从美国留学回国后立刻接替恩师秦藤树的职位，于 1975 年 4 月 1 日升任北里大学药学部教授。所里对大村智寄予厚望，希望他担负起统领北里研究所和北里大学的抗生物质研究小组的责任。

　　大村智打算借升任教授的机会做一些能够激励自己的事情，于是效仿卫斯理安大学的恩师麦克斯·帝施勒主办"彼特·里尔马克研讨会"，大村智也开始筹划举办国际性学术会议。

　　帝施勒希望通过邀请世界顶尖水平的学者，为研究室的年轻研究员和学生们创造能够与他们直接交流的机会，以此鼓励大家，激发研究热情，提升研究水平。大村智一直想将这种学术氛围带回日本，在日本进行与恩师相同的事情。

　　大村智创建了"KMC（Kitasato Microbial Chemistry,

北里微生物化学）研讨会",召开学术会议,邀请国外著名专家参会演讲。此后,研讨会定期召开,2008 年 3 月 18 日迎来了第五百次会议并举行了纪念研讨会。大村智在会议上发表演讲,提起会议上做过报告的研究者们,他这样说道:

"最初,为了让会议成为国际性学术会议,我一直希望多多邀请海外学者参加会议。但我完全没想到会议能够持续召开五百次。这五百次会议上发表报告的学者中,有 332 名日本学者,178 名外国学者,其中还包括 76 名学生。"

研讨会能够持续召开五百次已经是很了不起的一件事了,而能够邀请多达 178 位外国学者前来参会并演讲,就更

大村智与巴里·夏普莱斯教授进行共同研究时的合影

是难能可贵了，在日本几乎没有其他大学能够超越这一纪录。同时，受邀前来的学者中，有很多都是诺贝尔奖得主等世界一流学者。

2001 年，凭借"催化不对称氧化反应研究"荣获诺贝尔奖的麻省理工学院教授巴里·夏普莱斯来到日本，同大村智商讨共同研究事宜，并在 KMC 研讨会上进行了演讲。

演讲结束后的晚宴上，大村智这样介绍夏普莱斯，"如果今年的诺贝尔奖会颁给有机化学领域的话，那得主肯定是夏普莱斯教授"。听了大村智的介绍，学生们立刻一齐涌上来请夏普莱斯签名留念。

一周之后，诺贝尔奖结果揭晓，化学奖得主果然是夏普莱斯。同时，野依良治也凭借在不对称反应研究中的贡献共同荣获当年的诺贝尔奖。而这位野依良治也曾在 KMC 研讨会上做过演讲。

邀请外国学者来日本的话，就不需要出国了

"对于年轻的研究员们来说，为了获得同一流学者交流的机会而专门前往外国是很困难的"，这是平日里大村智常常挂着嘴边的话。并且大村智指出，"那就邀请一流学者来我们这里同大家交流不就解决问题了嘛，殊途同归"。而 KMC 研讨会正是提供了这样的一个交流平台。

柏林工业大学的克莱因卡尔弗教授受邀参加 KMC 研讨会（1990 年）

演讲结束后，演讲者和大家还可以在晚餐会上继续交流，时不时大村智还会带大家去自己故乡山梨县韭崎市的老家，一边欣赏富士山，一边尽情畅谈。每到这时，妻子文子都会提前回到韭崎老家做好聚会的准备，迎接大家的到来。对于大村智来说，文子也是研究路上的同伴。

除了 KMC 研讨会，从帝施勒逝世的 1989 年开始，大村智每隔两年都会举办"麦克斯·帝施勒纪念演讲会"。首届演讲会邀请了英国化学家德里克·巴顿，他与挪威物理化学家奥德·哈塞尔凭借研究"构象分析概念和把这些概念应用于化学"的贡献，共同获得了 1969 年的诺贝尔化学奖。

德里克开拓了立体化学领域，是一位著名的科学家。大村智在法国参加研讨会时曾与他讨论过，后来二人也常常见面，友情渐笃。

促使大村智创办研讨会和演讲会的动机都是来自于在卫斯理安大学留学时的亲身体会。帝施勒的目标——通过增加研究员们与具有国际性知名度的顶尖学者的交流来激发研究员们自身的研究热情，由弟子大村智在日本实现了。

用木桶定律激励自己

有一次，大村智在读书的时候发现，"经营"这个词不仅仅意味着企业盈利，同时还意味着培育人才。

《源氏物语》中，光源氏与葵姬希望儿子夕雾将来长大后能够成为杰出的人物，而将儿子托付给了别人。二人对教导儿子的人说，"我们将夕雾托付给您了。希望您将他当作自己的儿子，夕雾的经营就拜托您了。"这里的"夕雾的经营"就是指培育夕雾长大成才，读到这里，大村智明白了原来经营其实也意味着培育人才。

同时，大村智认为育人者必先育己，要想培育人才必须先磨练自我。所谓磨练自我，就是让自己具备领导力、包容性、创新力、信息收集能力、协调性、实践能力等多方面能力，并能达到一定水准。这些能力缺一不可，大村智在演讲会上进行解释说明的时候，常常用到"木桶定律"。

将发现新物质比作木桶，将新物质比作液体的话，在新物质这一液体源源不断的注入木桶的过程中，如果组成木桶的木板有缺口裂缝，或者有哪一块木板低于别的木板的话，液体就会从木桶漏出去，而最终只能达到最低的那块木板的高度。

只有保证组成木桶的每一块木板都能保持较高的水准，才能保证木桶盛满"发现新物质"这一液体。因此，必须提高各方面综合能力，而木桶定律其实就是在比喻要磨练自我。

母亲的日记里留下的话语

在本书第一章已经介绍过，上小学的大村智曾经无意中看了母亲的日记。母亲在第一页写下了"为师者，须得坚持自身时刻进步"这句话。因为母亲是小学教师，所以年幼的大村智能够理解母亲写下这句话的理由——为了鞭策自身。

战后，母亲辞去了教师一职，开始养蚕。虽然母亲以前并没有接触过养蚕，但母亲每天坚持仔细记录蚕的状态。记录内容包括当天的天气、室内温度、湿度、蚕的发育状态，等等。看到母亲的记录，大村智十分感动。大村智正是在母亲的影响下，逐渐成长为一位伟大的科学家。

后来，当上教师并最终成为一名学者，开始指导学生和博士后的大村智效仿母亲当年，将"为师者，须得坚持自身时刻进步"谨记在心。

营造大村智流研究氛围

作为研究室的领头人，大村智时刻挂在心头的莫过于如何营造并维护能够适合进行共同研究的"研究室氛围"。大村智首先做的就是坚持观察研究室的全部工作人员。

通过仔细观察他们的工作状态，可以发现哪些人的进展顺利，哪些人的状态消沉，从而采取应对措施。比如，"那个男生进展似乎不太顺利""有点消沉"或者"得鼓励一下他""需要改变一下研究环境，让他觉得更有希望才行"。

因此，大村智一直很留意研究室全体人员的状态，并根据具体情况给他们适当的建议。大村智从中学时期就开始担任乒乓球队队长，在体育训练中培养起了团队合作意识，同时在高中夜间班担任教师的时候积累了指导学生的经验，自然而然的就会关注全体团队人员的状态。

研究员们也都感受到了大村智的关怀——我们领导不仅很体贴，还很会照顾人。研究室整体形成这样的氛围后，就算研究进展偶尔出现挫折，也能够迅速重新振作起来。而正是这样的研究团队才能够不断取得新的发现。哪怕只有一个人消极怠工，也会前功尽弃。

而让大村智花费了最多心思的就是探索发现微生物的部门。然而像这种每年都要分离提取成千上万的微生物的工作，就算是拜托大学毕业生或者是硕士毕业生，他们也并不愿意从事。但是大村智并没有放弃。就算是给觉得自己无法取得博士学位的人分配工作，大村智也一定会为对方的前途着想："你只要坚持在这个领域深造直到拿到学位的话，一定能够成为独当一面的学者。在日本就算是只有高中毕业，也有取得学位的办法，只要去做就一定会成功的，一定要加油啊！"就这样，大村智会给研究员们指明他们各自的方向。

大村智的关怀里正是包含了他自身的人生经历——从没怎么认真学习就踏上社会，到立志奋发学习最终实现成为学者的目标。

往往只要工作人员的研究方向定了下来，他们的工作状态就会焕然一新。向着目标努力研究，最终成功取得博士学位的工作人员也为数不少。只要领导让不同领域的团队人员之间形成良性竞争的氛围，研究室自然而然就会充满活力和干劲。对于接受指示行动的工作人员来说，在理解了领导的意图后工作，对于自身也是大有裨益。

"明明工作是我完成的，结果却被那个人当成自己的成

第六章 磨炼自我、培育人才 | 169

果发表了"，一旦工作人员有了这样的想法，研究室的运营就会出问题。因此，大村智始终站在对方的立场上进行工作分配，引导研究进行的方向，并提出建议。在大村智眼里，这就是研究室领导必须肩负的责任。

萤雪寮与人才培育

在大村智故乡山梨县韭崎市，依然保留着大村智家的老房子，大村智在这里出生、长大。建筑样式是典型的日本乡下的老房子，有很多宽敞的房间。大村智对老房子进行了改造，常常带着研究室的学生和研究员在这里开学习讨论会。

有一天傍晚，大村智和学生们在老房子附近散步，一只萤火虫从大村智眼前飞了过去。已经很久没见过萤火虫的大村智感慨万千，便将用来举办学习讨论会的老房子命名为萤雪寮。在大村智小时候，许许多多萤火虫四处飞舞，到现在大村智都记得捕捉萤火虫的乐趣，然而渐渐地萤火虫就销声匿迹了。

大村智组织萤雪寮时想到的是松下村塾。去山口县萩市参观松下村塾的时候，大村智受到了极大的触动。如此狭小的松下村塾，竟然在短短两年时间里培育出了伊藤博文、桂小五郎、高杉晋作等杰出人物，其秘诀到底是什么呢。大村智只要一想到这个问题，就不由得从心底涌起对伟大的教育家吉田松阴的敬意。

大村智时刻将道元的名言"不得正师，不如不学"作为对自己的警醒。这句话正是强调，人只有知遇优秀的名师，才能真正学到知识，促进自身成长。

如果老师传授的内容对学生来讲是不值得学习的，那么这位老师便是不合格的教育工作者。大村智以此警醒自己，身为教师，必须不断提高、锤炼自身。

小时候偷看母亲日记时读到的开头那句话让大村智始终难以忘怀。而大村智的母亲也曾经参加过萤雪寮的学习讨论会，和同学生们一起聆听大村智的授课。

参加萤雪寮学习讨论会的母亲（左二）聆听大村的授课（1980 年）

帮助高中毕业的女性取得博士学位，大村智成为培育人才的名人

大村智研究室人才辈出，培养了 31 位教授、120 余名硕士、博士。能够让自己的研究室培养出如此多人才的指导者可以说是绝无仅有的。在这里向大家介绍其中的一位大村智的高徒。

这位高徒就是曾担任北里大学药学部教授的高桥洋子。高桥在山形县出生、长大，从县立寒河江高中毕业后就来到东京，在北里研究所做研究助理的工作。当时她被分配在大村智的上司秦教授的研究室，负责培养微生物。同时，高桥为了取得临床检查技师资格，晚上还要去北里大学保健卫生专门学院学习。

1969 年 10 月，高桥从专门学校毕业后，通过了国家考试，成为一名临床检查技师，便打算辞职回故乡山形县。然而刚好她的上司研究员辞职了，于是高桥便被挽留了下来。那时候研究室已经由大村智接管，大村智挽留高桥说，"希望你能再接着在这里工作五年左右"，并鼓励高桥成为一名真正的研究者。

高桥日复一日的进行着微生物的分离、培养、分类等工作。有一天，高桥发现培养出来的微生物的状态跟预测的不

一样。周围的研究员们都说，"一定是混进了其他的微生物"。然而高桥认为，并不是混进了其他微生物，而是这就是这种微生物的特性，很有可能是培养出了尚未被发现的微生物。

高桥回忆起当时的情景，说自己"着实是初生牛犊不怕虎"。她对上司大村智说，"这种微生物很有可能是新种类的微生物"。一般来讲，大家并不会在意 20 岁出头的研究助理的意见，但是大村智却说，"你这么认为的话，那就做做看吧"。

大村智的话给了高桥极大鼓励，于是她将发现的微生物培养后，对其特性进行了详尽的调查，最终证明出现该特性并不是因为掺杂了其他微生物，的确是该微生物自身的一大特征，而该微生物正是当时尚未被发现的放线菌。

高桥将该微生物命名为"北里孢菌"并发表了英语论文。当时的高桥 33 岁，从那之后，大村智就鼓励高桥申请博士学位，打算将高桥培养成为能够独当一面的研究者。高桥也没有辜负大村智的期望，努力学习英语、德语并取得了学士学位。1985 年，在高桥 36 岁的时候，她取得了北里大学医疗卫生学部的保健学博士学位。

1988 年，高桥 39 岁。有一天，高桥被大村智叫了过去，然后从大村智嘴里听到了不可置信的一番话："放线菌学会这次要设置研究奖励奖，你工作成绩突出，我觉得你应该申请一下试试。"

大村智的话着实出乎高桥的意料。她还从未进行过这样充满挑战性的尝试，而且也一直认为自己作为研究者还不够成熟。但是她还是听从大村智的建议提交了申请。结果公布后，高桥顺利获得第一届日本放线菌学会研究奖励奖。

之后，高桥埋头研究，渐渐萌生了去美国留学，体验外国的研究工作的强烈想法。在与家人商量之后，高桥鼓起勇气向大村智说明了自己的想法。

"我想去美国，想去学习更多的东西。"

高桥有点担心大村智会不会拒绝自己的请求。然而大村智却高兴地说，"我向来支持积极进取的人"。

1992年，大村智在参加美国举办的国际性微生物学术会议时，拜托威斯康星大学微生物学教授杰拉尔德·安赛因，"希望您能够接收高桥做博士后研究员"。

大村智和安赛因一边谈着高桥留学的事情，一边推着自行车并肩走在前面，而高桥则不安地跟在二人后面。提起当时的情形，高桥说，"现在都还是历历在目"。

安赛因很爽快地接受了大村智的拜托。

之后，高桥不断积累成果，终于在2003年迎来了升任北里大学生命科学研究所微生物机能研究室教授的机会。然而面对机遇，高桥却又退缩了。大村智鼓励她，"你应该接受教授一职，以后为学校多作贡献"。这一年，高桥54岁。2004年，高桥再次荣获放线菌学会的学会奖，并于2011年荣获住木·梅泽纪念奖。

看着高桥从一个只有高中文凭的助手，重新学习取得博士学位，直到成为放线菌学会重要专家的成长过程，大村智仿佛看到了自己的人生历程的缩影。而高桥于 2015 年被推选为放线菌学会名誉会员，终于获得了与大村智同等级的学会称号。

2010 年，高桥接受了癌症手术。治疗虽然很成功，高桥也顺利返回大学继续工作，但是虚弱的身体却让高桥失去了干劲。大村智来高桥研究室探望她的时候，谈到病情和研究状况，高桥忍不住泄气地说："我已经没有力气继续努力了。"听了高桥的话，大村智大声呵斥道："你这么想可不行！"随后便离开了研究室。

研究室里只剩下高桥一个人，她茫然的发了一会呆。然而高桥明白，这是大村智给她的激励，让她不要输给疾病。以此为契机，高桥又重新开始积极面对生活和工作。

从那之后，又过了五年，高桥的癌症并没有复发，她已经完全恢复了健康，一如往常的用清亮的声音指导着年轻的研究员们。高桥这样说道："正是因为受到大村智老师的熏陶，我才能够如此磨练自己。我对老师真的是感激不尽。"

不同领域的人合作才能促进科学发展

大村智始终坚持不耻下问，遇到不懂的问题，甚至会去问自己的学生。在大村智少年时期，祖母最常挂在嘴边的一句话就是，"问则一时耻，不问耻一生"，而大村智把这句话当作自己终生的座右铭。同时，大村智也会对学生强调"无知的价值"和"博识的短处"。

那是 1983 年的事了。渡边格带着英国生物学家悉尼·布伦纳突然出现在了大村智研究室。悉尼·布伦纳是信使 RNA 的发现者，为解读基因暗号做出了巨大贡献，因被提名诺贝尔奖候选而闻名世界，而渡边则是开创日本分子生物学的权威学者。当时，布伦纳提出了很多关于线虫的问题。而大村智不仅发表了很多关于对线虫有奇效的抗寄生虫化学物质的论文，同时作为伊维菌素的发现者有很高的知名度。

分子生物学基因结构研究领域首屈一指的专家布伦纳为什么会对线虫如此感兴趣，这让大村智感到很不可思议。之后，二人一直通过书信保持学术交流。2002 年，布伦纳因"发现器官发育和细胞程序性细胞死亡（细胞程序化凋亡）的遗传调控机理"而获得诺贝尔生理学·医学奖。

布伦纳为了调查多细胞生物的遗传信息表达、分化的过程，选择了细胞数较少易于进行遗传解析和生化学分析的线虫进行研究，解明了线虫从单细胞到成虫的细胞分化过程。而为了进行这项研究，必须要增加线虫的相关知识，因此布伦纳不远万里特地前来拜访大村智。布伦纳在自己的著作中分析人类的思考过程时，做了这样的总结：

"最适合促进科学发展的，莫过于来自不同领域的学者了。文化也是如此。外来移民总是能够最敏锐地捕捉到新发现。"

也就是说，在科学的世界里，提出新发现的往往不是埋头于该领域的研究者，而是来自其他领域的研究者。大村智常常以布伦纳的这段轶事为例，来向学生们强调相关领域知识比较少的人有时反而可以为该领域的发展做出贡献。

面对棘手的问题总是身先士卒做出表率

大村智在指导学生的过程中始终坚持，指导者应当自己首先做出表率，让学生掌握吸收后，引导他们向着新的目标前进。"不管是多么棘手的问题，我都会率先着手做给大家看"，大村智这样说道。作为指导者，大村智将这种精神作为重要指导铭记在心。

大村智研究室还接收了许多外国研究员。在培育人才方面有着比常人更多强烈热情的大村智，常常以自身经验为例，建议那些不擅长英语的学生加强英语学习。

大村智还会尽量给学生在国际学会上进行报告的机会，并且向学生们传授了用英语做演讲的要领。大村智的建议非常实用，在这里向大家介绍一下。

首先，大村智认为，"必须提前设想演讲时有可能发生的最糟糕状况"，强调危机管理是时刻都不能松懈的。同时，"要观察会场听众，确认专家数量的多少，把握听众的构成是非常重要的"。

大村智还介绍道，"演讲的时候，可以时不时地穿插一些与报告内容无关的小玩笑，这也是确认听众能不能听懂自己的英语的一个方法"。

同时，大村智总是向学生们强调，提高英语的秘诀是，"英语不能靠背诵，要靠习惯。快乐的学习是最重要的"。

时至今日，大村依然坚持巡视研究的第一线，育人不倦（2011 年，摄于北里研究所）

大村智还经常邀请前来参加讲座或者讨论会的外国研究者参加家庭聚会。刚开始的时候，学生们都很紧张，不知道该怎样用英语同外国研究员交流，以至于准备的饭菜几乎无人下筷。然而随着聚会的次数渐渐增多，不知从何时开始，准备的饭菜总是很快就被一扫而空了。这正说明，学生们已经习惯了用英语同外国人交流。

　　而这也正是延续了北里柴三郎学以致用的传统。

第七章

——

科学与艺术

夫妻一同参与管理女子美术大学

除了研究活动，大村智还有涉足很多领域，其中大放异彩的就是累计 14 年担任女子美术大学理事长了。大村智曾一度因太过繁忙而辞去职务，但却还是难以割舍，很快便又重新担任理事长一职。

女子美术大学之所以选择大村智，正是因为叹服于大村智作为北里研究所经营者的能力。同时，大村智在美术方面有很深的造诣，积极收集文化功劳者铃木信太郎的作品，是日本屈指可数的收藏家。

大村智作为女子美术大学的理事长，在该大学建校 100 周年纪念活动时发挥了卓越的领导能力。而且，由于同女子美术大学的缘分，大村智拿出自己的个人财产开办的韭崎大村智美术馆的重要特征之一就是，该馆是日本唯一一家以女性作家的绘画作品为主要展出对象的美术馆。

大村智为了纪念始终在背后支持自己，为女子美术大学尽心尽力的亡妻文子，在女子美术大学设立了大村文子纪念奖和大村文子基金，寄托了大村智对文子的深情与怀念。

从幼年时期开始醉心绘画

　　大村智的绘画收藏可以追溯到小学、初中时期。当时大村智就开始剪下报纸刊登的美术相关报道、收集日历上的照片和绘画、母亲送的明信片等，凡是看见的画，大村智都不遗余力地收集了起来。这是大村智绘画收藏的开始。

　　经常出入大村智上司秦教授研究室的画商们也渐渐注意到了大村智对绘画的喜好，于是见到大村智便会留下几幅画。而大村智如果遇到喜欢的作品，哪怕是贷款也会买下来。后来，大村智开始将自己获得的奖金以及专利费等收入，还有研究指导的报酬等，都积极地拿去买绘画和美术作品了。

　　妻子文子提醒他，"你把钱都拿去买美术品，等到老了以后没有钱的话可是很不方便的啊"。然而大村智也并不放在心上，依然继续着自己的收藏。渐渐地，大村智对美术的热爱在北里研究所和北里大学已是人尽皆知了。而每次去国外，大村智也一定会去当地的美术馆参观，于是就连外国的研究合作伙伴也都知道了大村智的爱好。

对铃木信太郎的画作一见倾心

西洋画家铃木信太郎是日本艺术院会员、文化功劳者，而大村智则是日本屈指可数的信太郎作品收藏家。大村智共收藏了约 150 件铃木信太郎的作品，大部分在北里大学医疗中心展出。在信太郎的画作中，大村智最喜欢的是《银莲花》（6 号，油彩），大村智这样解说道，"银莲花拙朴的形状和花瓣清透明朗的用色，经过变形有点歪斜的马略卡陶瓷花瓶，用平面手法描画的台面和独特的纹样，不管是从色彩还是构图来看，这些要素被非常和谐地呈现在画框里"。

大村智住在东京都世田谷区濑田的房子里时，这幅画就挂在客厅里，成为了很多与客人的纪念合照的背景。在大村智收藏的信太郎作品中，甚至还有未署名的作品，或者尚未完成的作品以及素描。

有一次，大村智看到信太郎的素描中描画的武藏野的树木，形状都是树顶被修剪得平齐，仿佛倒着摆放的扫帚一般。那之后，大村智行驶在中央道路上，眺望周围风景时，忽然发现原来路边很多树木修剪的形状都与信太郎画的一模一样。信太郎画中的赤松的形状，大村智也在生活中发现过相同的造型。大村智说，每每遇到这种情况，"我都有种仿佛是在与去世的信太郎聊天的感觉"。

女子美术大学建校 100 周年的准备工作

1993 年，女子美术大学向大村智发出了邀请，希望大村智助力经营学校。当时的女子美大开设了大学院美术研究科（博士课程），大学发展势头迅猛，并且进入了迎接 2000 年建校 100 周年的准备阶段。女子美大希望大村智能够为 100 周年纪念活动献计献策，并发挥领导能力。

当时，女子美大已经开始着手准备在艺术学部开设立体艺术学科、媒体艺术学科、服装造型学科，并为纪念建校 100 周年，计划在相模原校区开设"女子美艺术博物馆（JAM）"。这家博物馆将以三岸节子、岛田静、佐野缝等与女子美大有密切关系的作家的作品为中心，包括学校教员的作品进行常设展览。

女子美术大学的前身女子美术学校是由横井玉子、藤田文藏、谷口铁太郎、田中晋等四人作为发起人，于 1900 年 10 月向当时的东京府知事提出申请并获得了建校许可。作为日本第一所面向女性的美术学校，其建校正是为了与当时拒绝招收女性学生的男校——东京美术学校对抗。

1901 年 4 月 1 日，在本乡弓町（现在的文京区）的校舍正式开校，藤田文藏担任第一任校长。在那个时代，女性在高等教育机关接受美术教育还是一件完全无法想象的事，而女子美术学校的创立者们则以"用艺术实现女性自立""提高女性社会地位""培养专业人才·美术教师"为目标，怀着满腔热情投入了女性美术教育事业。

横井小楠与北里柴三郎

　　大村智在女子美术大学担任了为期四年的理事后，于1997年2月就任理事长。当时，大村智注意到女子美术学校的四位创立者中唯一的女性——横井玉子与北里研究所的创立者北里柴三郎，通过同是熊本藩出身的横井小楠，有一些交集。横井玉子是横井小楠的外甥横井左平太的妻子，而横井小楠是日本历史上的著名人物，曾对坂本龙马等幕末志士产生了巨大影响。

　　生于1809年的横井小楠曾在熊本藩校时习馆学习，后来去了江户（现在的东京）游学。回到熊本藩后成立了研究会，以"能够应用于实践的学问才是最重要的"为口号，结成了"实学党"。小楠开设私塾，培养了众多弟子，其中有一位是山田武甫。

　　山田隶属于实学党，在教育界、产业界、政界都非常活跃，同时还是北里柴三郎在时习馆的恩师。北里受到山田的熏陶，毕生都在强调贯彻学以致用的重要性。北里经常向部下强调，"不能只想着做完研究就行了，要思考怎样用它为社会做贡献"，进行能够应用于实践的医疗研究。就这样，由熊本藩、时习馆、实学党串联起来的横井小楠、左平太、玉子和北里柴三郎之间交织的缘分，令大村智非常惊讶。

开办韮崎大村智美术馆

40 多年来，大村智收集了大量的绘画、陶瓷器，其收藏品中不乏著名作家的作品，数量和质量都令人叹为观止。大村智想将自己这份作为一名美术品爱好者的喜悦与快乐，与大家一同分享，便在故乡韮崎市的老宅附近建造了韮崎大村智美术馆。2007 年 10 月，大村智开始在美术馆公开展览自己拥有的大部分收藏品，并在后来将这些展品全部捐赠给了韮崎市。

大村智很喜欢读山本周五郎。周五郎的作品《赛鼓》里有这样一句话，"一切艺术都应该是为愉悦人们，净化和升华心灵所存在的"。大村智对此深感共鸣，认为艺术品不应该仅仅用来愉悦个人，而应该作为全人类的共同财产，为大众服务，于是便选择了向韮崎市捐赠自己的收藏品。

美术馆开馆之际，大村智提出的目标是，希望以女性作家的作品作为主要展览方向，并以此作为美术馆的特色。大村智说，之所以秉持这样的理念开设美术馆，"是因为我作为女子美术大学的理事、理事长，对女性作家的作品有着深厚的感情"。

馆内展出了秋野不矩、上村松园、小仓游龟、片冈球子、堀文子等女性作家的多彩多样的作品。

二楼展厅是大村智挚爱的铃木信太郎纪念室，展出信太郎的作品。

第三展厅则陈列着岛冈达三、原田拾六等人的陶器作品。大村智美术馆同时展出女性美术家、铃木信太郎、陶艺家的作品，集三个不同特色于一馆之内，在日本的美术馆里独树一帜。

韭崎大村智美术馆旁边是白山温泉，这个温泉也是大村智发现、发掘的。大村智在山梨大学读书的时候，曾经学过地质学，能够辨别出有温泉泉脉的地方。

虽然在毗邻美术馆的地方发掘出了温泉，但大村智依然觉得不够满意，于是便又在温泉边上开了一家荞麦面屋。参观过美术馆后泡个温泉，然后再吃一碗美味的荞麦面——这可以说是非常大村智式的体贴设计了。

科学家与艺术家的共同点

大村智还曾阐述过"科学家与艺术家的共同点"。科学与艺术，看起来好像是相隔万里毫无干系，但是不论是科学还是艺术，都不能缺少创造性。大村智认为，"绘画也是一样的，没有让人一眼就能辨别出来的独创性和特色的作品，是没有价值的"。

就算只是画一个苹果，也要让观赏者立刻明白这是谁画的苹果，否则就是毫无价值的画作。

女子美术大学创立100周年时出版了纪念版画集。当时担任理事长的大村智，在封面上用毛笔题字"德之华"。大村智表示，德之华这三个字取自女子艺术大学的校歌歌词"悟道之草德之花"。

演讲的时候，大村智向大家展示了封面的题字，并问道，"大家或许没有注意到，这几个字是不是看起来有哪里不太一样？接下来我要说的内容在科学研究领域也是非常重要的"。随后，大村智向大家讲了下面一席话：

"这三个字是将毛笔的笔尖剪掉一部分以后写的。如果用普通的毛笔的话，是写不出来这样的字的，我们应当尝试着去写别人写不出来的字。用自己制作的毛笔写出来的字，就会成为'我的字'。"

在科学研究领域，同样需要想方设法寻求属于自己的独创性，一味模仿别人是无法超越对方的。就算是用毛笔题字，大村智也会按照自己的想法改良笔尖，展现属于自己的独特特色。

碳 60 与艺术

1996 年诺贝尔化学奖获得者的轶事，给大村智带来了关于科学与艺术在创造性上存在接点的启发。

1996 年诺贝尔化学奖得主是美国的罗伯特·科尔、理查德·斯莫利和英国的哈罗德·克罗托，获奖理由是"发现富勒烯"。

富勒烯是由单一碳原子组成的集合体的总称，由 60 个碳原子结合形成的足球状构造的分子就是碳 60。

当时，相关研究已经成功获得了由 60 个碳原子组成的化合物，但是始终无法解明其结构。一筹莫展的时候，克罗托刚好前去 1976 年举行的加拿大蒙特利尔世界博览会参观。在那里，克罗托见到了由著名建筑家 R．巴克敏斯特·富勒设计的球状钢筋结构的会场。为使建筑物呈现球状，建筑师采用了六边形和五边形框架相结合的足球状结构。

看到会场的圆顶，克罗托忽然灵光一现，"就是这个啊！"受到会场设计的启发后，克罗托成功勾画出了碳 60 的分子结构。

大村智读到关于这条轶事的新闻时，不由得感慨，"艺术家太伟大了。艺术家的创造力是要领先于科学家的"。

大村智对待科学的艺术观

大村智认为，科学和艺术的共同点之一是"直觉和灵感"。科学家在面对自然，感受到好奇时，为探索其原因，会先通过直觉和灵感提出假设，然后通过计算和实验对假设进行验证。

另一方面，艺术家"在面对对象物，或者心中涌起的美感和创作冲动，要通过直觉和灵感表现他们时，需要设计构图和色彩的配合，并花费大量时间才能实现他们"。

同时，大村智还解释道，"直觉和灵感"并不是偶然想起的某些想法，"直觉和灵感是我们向着自身目标努力的过程中，通过知识的积累和技术的提升、学习前辈们优秀的研究论文和画作，在不停的钻研中迸发出来的。"

1981年获得诺贝尔化学奖的福井谦一平时也常常提起类似的话语。福井总是说，对于进行研究的研究者来说，"直觉和灵感"是非常重要的。当以年轻的高中生、大学生为对象做讲座的时候，福井也会向他们阐释同样的道理。他同样强调，直觉和灵感不会突然凭空出现，而是来源于平时的积累和钻研。

大村智还曾说过这样一席话：

"杰出的科学家同时也是杰出的艺术家。反之亦然。也就是说，科学家接触优秀的艺术作品，可以滋养自身的感性，有助于培养优秀的科学家应有的资质"。

2000 年 10 月，女子美术大学举行了建校 100 周年庆典。作为纪念，校方决定以大村智的捐款作为基金，设立"创立 100 周年纪念大村文子基金"。该基金主要用来奖励在校生、毕业生的美术创作和研究活动，以培养艺术家和研究者为主要目的。在具体策划基金的设立计划时，女子美术大学的相关人员原本是打算用"大村智基金"这个名字的，而得知后的大村智提出了"能不能用妻子文子的名字来命名"这个请求。

大村智决定就任女子美术大学理事的时候，文子因为担心事务繁忙的丈夫的身体，一直强烈反对此事。然而当大村智就任理事，开始参与女子美术大学的经营事务后，文子就开始积极地帮助丈夫，始终在背后支持着丈夫的工作。就连纪念建校 100 周年的相关募捐活动，也是在文子的多方活动下，收获了大量捐款。了解情况后，女子美术大学欣然接受了大村智的请求。

由妻子支撑的研究人生

提起自己的研究活动能够取得如此优异的成绩并享誉海外的理由，大村智表示，正是因为文子"始终支撑着家

大村智夫妻（1998 年）

庭，因此我才能够心无旁骛的埋头研究，得以完成我的工作和使命"这一切都是她的功劳，我打从心底感谢文子"。

　　大村智讲述的与文子的回忆和对文子的哀悼与爱惜，令听者无不动容。大村智刚刚成为研究员，在山梨大学当助手的时候，由于大村智将自己所有的工资都拿来购买资料和做实验了，所以生活费基本上都来自文子父母的资助。文子在家中开办了公文式学习班，招收了大量小孩，通过教授他们算盘的用法来补贴家用。文子的算盘技术非常高超，高中时曾成功晋级日本全国算盘大赛决赛。

　　当大村智忙于实验，在研究室工作到深夜的时候，文子就会为大村智送去晚饭，还常常帮大村智计算数据。直到很久以后，大村智都常常想起这些点点滴滴。

文子性格天真烂漫，是个直率又开朗的人，同时又继承了她父亲的坚强意志。大村智有时为了研究甚至不顾身体病痛，这时文子就会带着大村智去温泉休养，偶尔还会强行带大村智去医院检查。

大村智常常在自己家举办家庭聚会，招待来自海内外的学者朋友。文子每次都会花费两天时间采购食材准备餐食，招待朋友们也是照料周全，细致贴心。渐渐地，文子的付出甚至在大村智海外的朋友中也被传为一段佳话。

而文子的人格魅力也让大村智家每年惯例的新年会都热闹非凡，朋友们你来我往，从早上可以一直持续到深夜。

妻子人生的三分之一都在与癌症对抗

1976 年 3 月，文子接受了乳腺癌治疗手术。在那之后，文子近乎三分之一的人生都在与不断转移的癌症抗争。

文子在与自身疾病作斗争的同时，还会积极接受朋友的拜托，向患者推荐介绍北里医院。即便是住院的时候，文子还坚持介绍患者，有时甚至会推着打点滴的支架去医院门口迎接自己介绍来的患者。大村智说，从北里大学医院就诊患者中介绍来院的人数来看，"没有人比她介绍的人数更多了"。

文子的兴趣爱好是欣赏能乐和歌舞伎，她有着深厚而丰富的相关知识，常常令大村智折服。

2000年4月，大村智携文子受邀出席在华盛顿召开的美国国家科学院外籍院士认证仪式，这是文子生前的最后一次海外旅行。大村智为文子准备了轮椅，到达仪式会场后，文子换上了正装和服，坐在轮椅上由大村智推着进入了会场。大村智的美国学者朋友们都知道文子的病情，大家在敬佩文子的勇气的同时，也被文子远道而来与大家相见的心意所感动。

回到日本后没多久，女子美术大学举办了"大村夫妇见面会"，于是大村智和文子的长女便将和服送到医院，文子穿上礼服后，在护士的陪伴下，乘坐可以安放轮椅的保姆车到达了会场。当时文子的病情已经进一步恶化，大村智觉得参加见面会对文子来说太勉强了，但是文子却坚持要参加见面会。

见面会开始后，大村智先发表了祝词，主持人又邀请文子致辞。大村智慌忙摆手示意，想要阻止主持人，然而坐在旁边的文子却说"没关系，我可以的"，随后，坐在轮椅上的文子进行了一番精彩的讲话。大村智回忆起当时的情景，动情地说，"真的是太出乎我的意料了，而且令我非常感动"。文子与病魔顽强斗争一直持续到了生命的最后一刻，看着文子坚持治疗的身影，就连医院的医生们都感叹，"从来没有见过意志如此坚强的患者"。

2000 年 9 月，文子离开人世，年仅 60 岁。讣告传遍了大村智海内外的学者朋友，大家都非常的惋惜和悲伤。超过 3000 人前来参加了文子的守夜式和追悼会，而来自日本国内外的唁电有 700 多封，并收到了 300 多支献花①。三岸节子为了培养女性美术家而设立的女性画家协会为了纪念文子，专门设立了"大村文子纪念奖"，鼓励并促进普通大众的美术活动。大村智在 2005 年出版的散文集《日暮》中表达了对文子的赞扬，"虽然体弱多病，但却总是积极热情地生活，享受人生，并为了帮助他人而毫无保留的付出一切，文子的一生虽然很短暂，却是值得歌颂的一生"。

山梨科学院的活动

大村智为了培养人才、振兴科学技术的发展，在他的故乡山梨县设立了山梨科学院。为筹集运营资金，大村智多次捐款，科学院的运营终于走上了轨道。山梨科学院的主要业务包括举办各类集会，刊发会报，提供信息，颁发山梨科学院奖、鼓励奖、少年儿童科学奖等，举办最新科学技术讲

---

① 译者注：日本的追悼会有为表示对逝者的悼念而向逝者遗体献花这一习惯，献花由逝者家属准备，吊唁者每人一枝，在献花式上将花朵放在祭坛或者灵柩内。

座，以及赞助各类科学相关活动。

大村智设立科学院，正是希望能够为孩子们提供学习科学知识的机会，培养未来的科学研究者。

同时，科学院不仅颁发奖励，还举办了"访问未来的科学家"活动。由科学院院士前往各地学校，进行介绍自身的研究领域的讲座。科学院的在籍院士约有 120 人，大多是大学教授或者各类研究所的所长。而这个活动就是让这些优秀的学者们，将自己研究领域的知识简明易懂的传达给孩子们。

人与人相遇的重要性

大村智常常在彩纸上写下自己喜欢的各种名言，当作礼物送给别人。

比如，大村智曾为孩子们写过"一期一会"这句话，教导孩子们不管是怎样的相遇，都要当作今生仅此一次的相遇，尽自己最大的诚意去对待别人。

正因为与很多人相遇，并且自己怀着最大的诚意对待对方，所以才有了今天的自己。大村智经常告诫孩子们，我们每个人的背后都有很多人在支持我们，一定要心怀感恩。

而在众多的语录中，大村智最喜欢的一句话就是"至诚通天"了。虽然在本书的开篇，大村智已经在亲自撰写的前言中阐释了这句话的含义，不过在最后，还是用大村智的阐释来作为本书的结尾吧。

"只要尽了自己最大的努力，一定可以实现目标。偷懒耍滑是行不通的，只要全力以赴，就一定会获得大家的支持。"

努力必会有回报。这就是大村智的人生信条。

回顾大村智的人生，不管任何事，大村智都会竭尽全力，从不放弃任何努力。"至诚通天"这句话，正是大村智一生的写照。

后 记

致中国读者

2015 年 12 月 10 日，在瑞典斯德哥尔摩举行的诺贝尔奖颁奖典礼上，荣获生理学·医学奖的日本科学家大村智、爱尔兰科学家威廉·坎贝尔和中国药学家屠呦呦，在会场雷鸣般的掌声中从瑞典国王手中接过了奖章。

由寄生虫引发的疾病困扰了人类几千年，构成重大的全球性健康问题。大村智与威廉·坎贝尔发明的阿维菌素从根本上降低了象皮病和河盲症的发病率，屠呦呦发现的青蒿素使疟疾患者的死亡率显著降低。他们三位的研究成果为世界上每年数百万感染相关疾病的人们提供了强有力的治疗新方式，在改善人类健康和减少患者病痛方面的成果无法估量。

　　在颁奖典礼现场，大村智博士与屠呦呦女士相邻而坐。大村智博士在起身和就坐时都对屠呦呦女士展现了细致的关怀。

　　大村智博士出生在日本农村，从小就开始帮家里做农活，没怎么把时间用在学习上。大学毕业以后，他一边担任着高中的夜校老师一边读研究生，一切从头学起，为研究付出了极大的辛苦和努力。屠呦呦女士也是在科研工作中历尽艰辛，最终获得诺贝尔奖这一殊荣。通过付出极大的努力最终取得造福世界的成就，可以说是他们二位的共同之处。

　　大村智博士自从 29 岁进入北里研究所之后，一直投身于探索和发现由微生物生成的新型化学物质的研究工作。他通过尝试校企合作模式，为北里研究所带来了 250 亿日元的专利收入，这一纪录恐怕可以说是世界第一了。

　　与此同时，大村智博士也投入了极大的心血在人才培养上，毫无保留地支援那些态度积极、学习欲望强盛的学生。为了开拓学生们的国际视野，他会经常邀请国外的知名研究学者来日本举行讲座。出自大村研究室的教授有 31 位，取得博士学位的更是高达 120 人。

　　作为研究者，大村智博士取得了卓越的成绩。不仅如此，他在研究所的经营管理方面也展现了过人的才能，成功的使濒临破产的北里研究所实现了"起死回生"。他在埼玉县北本市建设的北里大学医疗中心医院的墙壁上，展示着许多绘画作品，因此该医院也被称为"美术馆医院"。大村智博士平时一直强调"不管是科学还是艺术，没有独创性就没有价值"，他对美术也拥有超过常人的知识和热情。

正如大村智博士所说，"遇到棘手的问题，我都会率先去做，给大家做示范"。他用自己扎实勤奋的努力，一步一个脚印的走到了诺贝尔奖的领奖台。而本书正是对大村智博士人生的记录。

此次仰仗日本侨报出版社日中著作权中心的努力，能够通过人民出版社将我的作品带给中国的读者，我感到十分的荣幸与感激。

写在本书在中国出版之际

马场炼成

责任编辑：池　溢
特约编辑：齐宇希
装帧设计：胡欣欣
责任校对：白　玥

图书在版编目（CIP）数据

大村智传：通往诺贝尔奖之路／（日）马场炼成 著；
　曲扬 译 . —北京：人民出版社，2021.8
ISBN 978－7－01－021067－4

I.①大…　II.①马…②曲…　III.①大村智－传记
　IV.① K833.136.1

中国版本图书馆 CIP 数据核字（2019）第 149919 号

大村智传
DACUNZHI ZHUAN
——通往诺贝尔奖之路

[日] 马场炼成　著　曲扬　译

人民出版社 出版发行
（100706　北京市东城区隆福寺街 99 号）

北京新华印刷有限公司印刷　新华书店经销

2021 年 8 月第 1 版　2021 年 8 月北京第 1 次印刷
开本：880 毫米 × 1230 毫米 1/32　印张：6.75
字数：135 千字

ISBN 978－7－01－021067－4　定价：49.00 元

邮购地址 100706　北京市东城区隆福寺街 99 号
人民东方图书销售中心　电话（010）65250042　65289539